FRANCISCO FAUS

LÁGRIMAS DE CRISTO, LÁGRIMAS DOS HOMENS

4ª edição

QUADRANTE

São Paulo

2024

Copyright © 1993 Quadrante Editora

Capa
Provazi Design

Dados Internacionais de Catalogação na Publicação (CIP)

Faus, Francisco
 Lágrimas de Cristo, lágrimas dos homens / Francisco Faus —
4ª ed. — São Paulo: Quadrante, 2024.

 ISBN: 978-85-7465-607-6

 1. Dor - Aspectos religiosos - Cristianismo 2. Sofrimento - Aspectos religiosos - Cristianismo 3. Sofrimento - Ensino bíblico 4. Sofrimento na Bíblia I. Título

CDD-242.4

Índice para catálogo sistemático:
1. Sofrimento : Meditações : Cristianismo 242.4

Todos os direitos reservados a
QUADRANTE EDITORA
Rua Bernardo da Veiga, 47 - Tel.: 3873-2270
CEP 01252-020 - São Paulo - SP
www.quadrante.com.br / atendimento@quadrante.com.br

SUMÁRIO

INTRODUÇÃO 5

«E NÃO QUISESTE!» 11

«NÃO A MINHA VONTADE, MAS A TUA» ... 33

«COMO O AMAVA!» 61

AS LÁGRIMAS DA CONTRIÇÃO.................. 91

NOTAS... 125

INTRODUÇÃO

A linguagem das lágrimas

Todo o ser humano conhece as lágrimas. Talvez mais do que as dos olhos, as do coração. Seja como for, a ninguém falta essa experiência, e bem sabemos que, se descontarmos as lágrimas banais, todas as outras têm alguma fonte de onde brotam, de modo que é muito diferente uma lágrima da outra. Há lágrimas que nascem do amor, e têm um sabor doce; e outras que têm por origem o ódio, o desespero ou o remorso, e podem ser mais amargas do que o fel.

Já se disse mais de uma vez que uma gota de água encerra um mundo. O mesmo se pode afirmar de uma lágrima humana. Cada uma, em maior ou menor grau, carrega esse imenso universo que é a alma. Por um lado, as lágrimas são espelho do coração, no sentido de que refletem os sentimentos, ambições, amores e valores de quem as derrama. Por outro, as próprias lágrimas, isto é, o sentimento que elas encerram e provocam, produz na alma o bem ou o mal; todas as lágrimas, ou são manancial que favorece o desabrochar de frutos de bondade, ou são água poluída que corrompe o campo da vida.

Muitos conhecem, por exemplo, os efeitos malignos das lágrimas do orgulho. A pessoa soberba, que por qualquer pontada de contrariedade ou desprezo se melindra, vai chorando por dentro mágoas e mais mágoas, envolve-se numa doentia autocompaixão, isola-se dos outros e cada vez mais se torna incapaz de compreensão e perdão. As suas lágrimas de amor-próprio machucado irrigam sistematicamente, como uma chuva azeda, as plantas do rancor e do ódio.

Há, felizmente, também as lágrimas puras, que expressam a bondade, que a fomentam e lhe amadurecem os frutos. São lágrimas que lavam, purificam e fecundam. De uma maneira ou de outra, todas estas lágrimas boas brotam da fonte do amor, quer se trate do amor a Deus, quer do amor ao próximo.

Destas lágrimas limpas é que vão tratar, fundamentalmente, as páginas que se seguem, muito embora, ao considerá-las, não possa faltar — como contraponto — a referência às lágrimas que lhes são contrárias, isto é, às que nascem do egoísmo e, por isso mesmo, destroem.

Lágrimas de Cristo

Lágrimas que brotam da fonte do amor! Não é verdade que as que mais nos podem ensinar são as que nascem do Amor absolutamente perfeito, isto é, de Deus? Porque Deus também chorou. A Sagrada Escritura alude em várias

ocasiões às lágrimas de Cristo. Dir-se-
-á que Ele chorou enquanto Homem,
e não há dúvida de que foi assim. Mas
não se deve esquecer que, ao mesmo
tempo, Jesus é Deus. Ele é a pessoa divina do Verbo, que assumiu a natureza
humana. Por isso, quando vemos Cristo
vertendo lágrimas, podemos dizer com
toda a propriedade que estamos vendo
Deus chorar.

As lágrimas de Jesus podem ensinar-
-nos muitas coisas sobre o seu amor; e
também sobre o nosso, pois o sentir de
Cristo é sempre referencial para avaliarmos o nosso próprio sentir. Tentemos
meditar com calma sobre essas lições.
É isso o que pretendem estas páginas.
E, no final, depois de termos olhado para
Cristo — *luz dos homens* (Jo 1, 4) —,
focalizaremos as únicas lágrimas de
amor que Jesus jamais poderia ter derramado: as lágrimas do arrependimento,
da dor por ter ofendido a Deus, da tristeza por tê-lo perdido. Estas é que são,

propriamente, as «nossas» lágrimas. Dessas, nós, homens e mulheres pecadores, temos a exclusiva.

Há três ocasiões em que o Novo Testamento fala explicitamente de que Cristo chorou: ao avistar a cidade de Jerusalém, pouco antes de entrar nela no domingo de Ramos; no Horto de Getsêmani, quatro dias depois, enquanto orava a Deus Pai; e, antes desses acontecimentos, em Betânia, a caminho do túmulo de Lázaro, comovido pelo pranto de Marta e Maria, as duas irmãs do amigo morto.

É bem provável que Jesus, por ser «perfeito homem», tenha chorado em outras ocasiões. Em todo o caso, o Evangelho não deixa dúvidas a respeito do equilíbrio das suas emoções e da sua serena fortaleza. Nunca choraria por sentimentalismo piegas nem por fraqueza covarde. Isto significa que, se chorou, fê-lo quando as lágrimas eram o modo autêntico, adequado, exato, de exprimir o que lhe andava na alma. Dado que o

Evangelho só menciona esses três momentos, pode-se pensar que são aqueles em que as lágrimas melhor manifestam aspectos ou dimensões do seu amor. Sendo assim, uma meditação sobre as lágrimas de Cristo acaba por ser um modo de meditar sobre o Amor que é paradigma de todo o amor.

«E NÃO QUISESTE!»

Apelos de amor perdidos

Antes de entrar em Jerusalém, no primeiro dia da Semana Santa, Jesus, detendo-se na ladeira do monte das Oliveiras, contemplou o espetáculo da Cidade Santa brilhando ao sol do amanhecer. Uma golfada de dor invadiu-lhe a alma, e seus discípulos viram cintilar lágrimas sobre a sua face: *Contemplou Jerusalém* — diz São Lucas — *e chorou sobre ela* (Lc 19, 41).

Detenhamo-nos sobre essas lágrimas, pois elas nos falam. O Evangelho dá-nos todos os elementos para que possamos saber qual foi a sua causa e a sua significação. É certo que Jesus chorou naquela hora prevendo a destruição de Jerusalém, que no ano 70 seria arrasada pelas milícias romanas de Tito; mas não foi essa destruição — *virão sobre ti dias em que os teus inimigos [...] te destruirão a ti e aos teus filhos* (Lc 19, 43-44) — a razão principal das lágrimas de Jesus. É também verdade que Cristo sentiu uma dor profunda pela dureza de coração dos habitantes da Cidade Santa, que o haviam rejeitado e, naquela mesma semana, o arrastariam para a Cruz: *Jerusalém, Jerusalém* — dirá dois dias depois, no Templo —, *que matas os profetas e apedrejas os que te são enviados* (Mt 23, 37). Contudo, quem lê atentamente o Evangelho vê que também não foi esta a principal causa da sua comoção.

No monte das Oliveiras, olhando para a cidade, Cristo iniciou um pranto que completaria na terça-feira no Templo. Revelou em ambos os momentos a sua dor, pronunciando palavras explícitas. No domingo, ao mesmo tempo que prorrompia em lágrimas, exclamou: *Oh! Se também tu, ao menos neste dia que te é dado, conhecesses o que te pode trazer a paz! Mas não, isto está oculto aos teus olhos* (Lc 19, 42). Na terça--feira, acrescentou: *Jerusalém, Jerusalém [...], quantas vezes eu quis reunir os teus filhos, como a galinha reúne os seus pintinhos debaixo das asas, e tu não quiseste! Eis que a tua casa ficará vazia* (Mt 23, 37-38).

Guardemos bem, do conjunto dessas palavras, três expressões: *Se conhecesses o que te pode trazer a paz, quantas vezes eu quis [...], e tu não quiseste*, e *a tua casa ficará vazia*; porque nelas se revela a razão dessas lágrimas de Cristo. Por elas compreendemos que Cristo estalou de dor em Jerusalém porque previa antecipadamente outra dor, outra tristeza enorme para a qual muitos homens e mulheres se encaminhavam e se encaminham também hoje cegamente: *...isso está oculto aos teus olhos*.

Jesus sentia doerem-lhe na alma todos aqueles que, iludindo-se a si mesmos, julgam que só poderão alcançar a felicidade defendendo-se de Deus, isto é, esquivando-se à carga amável dos mandamentos de Deus e da sua graça; todos aqueles que se enganam imaginando que é possível realizarem-se à margem de Deus e contrariando os seus planos. É bem provável que só venham a abrir os olhos quando se lhes tornar evidente, com tristeza amarga, que «a sua casa ficou vazia».

Não há dúvida de que havia muitos com este coração mesquinho em Jerusalém. As páginas do Evangelho apresentam um retrato especialmente vivo dos *escribas e fariseus hipócritas* (cf. Mt 23, 13) — e a turba dos seus sequazes —, que se iam opondo num *crescendo* cada vez mais virulento à pessoa e à doutrina de Cristo, porque chamava à conversão, à autêntica pureza de vida. Tinham começado com insinuações difamatórias —

mostrando-se escandalizados porque Jesus *comia com os pecadores* (cf. Mt 8, 11) —, prosseguiram discutindo-lhe a doutrina e armando-lhe ciladas com perguntas insidiosas (cf. Mc 2, 7; Lc 20, 21-22), e terminaram declarando *insuportável* o seu ensinamento (Jo 6, 60) e proclamando a necessidade de eliminá-lo sumariamente *pelo bem do povo* (Jo 11, 50).

Que acontecia, na realidade? Que a amorosa doutrina de Jesus, com as suas divinas exigências, lhes perturbava o egoísmo aureolado de religiosidade, a ambição encoberta por aparências de zelo pelas coisas de Deus.

A esses «honestos» avarentos, cobiçosos, orgulhosos e sensuais, Cristo desmontava-lhes o disfarce de honradez com a sua mensagem de sinceridade, pureza, humildade, desprendimento e doação, que era para eles uma bofetada. *Dura é essa doutrina* — acabarão por bradar —, *quem pode suportá-la?*

(Jo 6, 60). E os principais de Jerusalém, irritados com o povo mais simples, que se deixara cativar pelos milagres e pela pregação de Jesus, tentarão desmoralizá--lo, dizendo: *Há acaso alguém entre as autoridades ou dos fariseus que acredite nele? Esse povoléu que não conhece a Lei é amaldiçoado...* (Jo 7, 48).

Defender-se de Deus

À primeira vista, parece incrível, mas é uma grande verdade que muitos homens — agora como então — procuram defender-se do amor de Deus como de um inimigo. Talvez aceitem teoricamente que só no amor puro, que vem de Deus e leva a Deus, se encontram as promessas da plena felicidade. Mas não «acreditam» nisso. Na vida real, procuram a felicidade apenas no prazer egoísta e na autoexaltação. É uma incoerência, mas é uma realidade. Enganam-se de forma mais ou menos consciente e, por receio de se complicarem com a grandeza dos ideais de Cristo, encerram-se numa cegueira voluntária. Assim, querendo proteger-se contra os sacrifícios que o Ideal comporta, atiram-se à estrada do egoísmo — que parece bem mais garantida — e perdem o caminho do amor, o único capaz de orientar os seus passos para a alegria e para a paz (cf. Lc 1, 79). Muito bem disse deles Cristo: *O que te pode trazer a paz [...] está oculto aos teus olhos* (Lc 19, 42).

É uma pena que esses pobres homens fiquem eletrizados pelo seu próprio «eu», do qual Deus acaba por ser um «rival». O norte magnético, que neles polariza tudo, é constituído pelo que alguém resumia nos «três *esses*»: *sossego, satisfação, sucesso*. Aí estaria o único segredo da felicidade, a chave da alegria! Nesse clima interior de egoísmo glorificado, quando se lhes cruza Cristo pelo caminho da vida, quando deles se aproxima e lhes fala de ideais divinos, de sacrifício alegre, de humildade amorosa, de serviço aos outros..., sentem um arrepio percorrer-lhes a espinha. Apavorados com a perspectiva de perder a vida fácil, bradam: *Não!* E é por isso que Cristo chora: *Não quiseste,* não quiseste abrir-te confiadamente Àquele que te *podia trazer a paz.* Como consequência desse fechamento, virão inevitavelmente os frutos dolorosos do egoísmo, que tarde ou cedo acabam por aparecer e estiolam a alma: *Eis que a tua casa ficará vazia.*

Portas previamente fechadas

Meditemos um pouco mais sobre as possíveis formas desse «não querer» e sobre as suas consequências.

Num grau extremo, a recusa consiste em fechar deliberadamente os olhos da alma *antes* de que Cristo tenha chegado sequer perto da porta. É o caso das pessoas sem formação religiosa alguma, mas que de antemão «não querem saber». Entre elas e Deus levantaram — sem dar a Deus a menor oportunidade — um muro, fabricado com as pedras da ignorância e da má vontade, unidas pelo cimento do preconceito. Os pilares que seguram esse muro são os sete pecados em que o egoísmo se subdivide: a soberba, a avareza, a luxúria, a ira, a gula, a inveja e a preguiça.

Não se pode passar por alto o fato, por demais comprovado, de que todos aqueles que repelem a religião ou dela se querem livrar — com as dez mil razões que a sem-razão inventa —, na realidade se estão deixando encarcerar pelo muro defensivo que eles próprios levantaram entre a sua alma e Deus: o muro dos sete pecados capitais, que acabamos de mencionar. Nesses vícios, que são o ácido corrosivo do amor — e o manancial turvo de todos os pecados dos homens —, colocam absurdamente a esperança de uma vida mais plena e livre, quando são esses vícios os que os escravizam e terminam por asfixiá-los.

Depois, quando o erro fica patente, não adianta exclamar com ingenuidade hipócrita: «Eu não sabia» até que extremo estava errado. Este é o recurso fácil dos que, defendendo embora ciosamente o egoísmo, querem desculpar-se quando começam a perceber — pelo vazio e pela tristeza que os invade — que se enganaram. Dizem: «Eu não sabia», e Cristo retruca-lhes: *Tu não quiseste*. Naturalmente, têm que calar-se: é certo que não sabem, mas é mais certo ainda que a sua ignorância culpável procede de que antes «não quiseram» saber nem aceitar. Não é que não tivessem oportunidades — *Quantas vezes eu quis*, repete-lhes o Senhor —; a graça de Deus não lhes faltou. Umas vezes, chegou-lhes por meio de uma intranquilidade de consciência que os remordia; outras, pela oportunidade de ler algum texto de formação cristã; outras ainda, pela ajuda ejeitada de um amigo sincero... Mas preferiram não saber, para que Deus e as suas exigências — as divinas complicações! — não os perturbassem.

O «sim» que esconde um «não»

Essas almas de «recusas prévias» enquadram-se nos que chamávamos «casos extremos». Vejamos agora um segundo tipo de recusa, talvez mais próximo de nós.

Trata-se dos que aceitam Cristo, até mesmo com entusiasmo, e lhe dizem um *sim* que parece pronunciado de todo o coração. Acontece, porém, que no bojo desse *sim* viaja, agarrado a ele com unhas e dentes, um *não*. Isso faz com que o «sim» se torne condicionado e parcial e que, na hora da verdade, acabe por transformar-se num «não» melancólico, talvez mais vazio e triste que a recusa peremptória dos «casos extremos».

Houve uma vez em que Cristo escutou um desses «sim» entusiásticos, pronunciado por um coração jovem. Mas, quando foi penetrar no âmago desse assentimento, viu emergir dele um «não» desolador.

O Evangelho narra o caso com luxo de detalhes. Cristo tinha saído de casa — onde acabava de abençoar um enxame de crianças — e pusera-se a caminho. Poucos passos havia dado, quando um jovem veio correndo e, de forma espalhafatosa, lhe caiu de joelhos na frente, obrigando-o a parar. Os olhos do rapaz ardiam com a chama do fervor, o coração batia-lhe forte: *Bom Mestre* — disse a Jesus —, *que devo fazer para alcançar a vida eterna?*

Desde logo percebemos uma coisa: esse jovem era completamente diferente dos que considerávamos há um instante, dos que não querem saber. Ele «queria saber» mesmo.

Jesus dá à pergunta formulada a resposta mais simples: — *Queres entrar na vida eterna? Cumpre os mandamentos.* Mas o jovem queria saber mais, queria ter noções tão claras que não admitissem dúvidas, e por isso ampliou a pergunta: *Quais?*, quais mandamentos? — *Não matarás* — lembra-lhe o Senhor —, *não cometerás adultério, não furtarás, não dirás falso testemunho, honra teu pai e tua mãe, amarás o teu próximo como a ti mesmo.* O diálogo vai-se tornando empolgante, porque o moço, cada vez mais eufórico, responde depressa: *Tudo isso tenho observado desde a minha infância. Que me falta ainda?*

Poderá alguém duvidar de que esse rapaz não fosse dos que procuram ardentemente os caminhos de Deus, dos que querem conhecê-los sinceramente, dos que querem saber a fundo? Havia nas suas palavras e no seu gesto tal expressão de generosidade, que Cristo ficou comovido: *Jesus fixou nele o olhar, amou-o e disse-lhe...* Assim fala o Evangelho, deixando entrever as grandes expectativas que o Senhor depositou naquela alma que podia dar muito, pois até então tinha caminhado pelos rumos de Deus. Podia dar tudo. Por isso, Cristo disse-lhe: *Uma só coisa te falta; vai e vende tudo o que tens e dá-o aos pobres, e terás um tesouro no céu; depois vem e segue-me.*

Naquele instante, Deus estava passando muito perto do coração do jovem. Um miligrama mais de generosidade, e ele entraria a fazer parte da turma jubilosa dos Apóstolos de Cristo. Mas a história, que começara tão bem, dá a partir desse momento uma reviravolta sombria: *Ouvindo essas palavras, o jovem foi-se embora muito triste, porque possuía muitos bens* (cf. Mt 19, 16-22 e Mc 10, 17-22)

E assim, sumindo-se na nuvem cinzenta da tristeza, a figura desse rapaz promissor desaparece das páginas do Evangelho e apaga-se, sem nunca mais voltar a ser mencionado na história de

Jesus, que poderia ter sido também a sua feliz aventura. *Foi-se embora triste*, profundamente entristecido. Não percebemos que também neste caso Jesus viu aquilo que lhe fez brotar lágrimas perto de Jerusalém: *e não quiseste?* O jovem inicialmente quis..., sim, quis quase tudo aquele moço de ar generoso, mas houve um ponto em que o «sim» se lhe derreteu num «não». Foi quando o chamado do amor tocou no seu dinheiro. Ah, não, isso não! E bastou um «isso não» para deixar-lhe a «casa vazia».

Razões das nossas tristezas

É bem possível que muitos cristãos bons, bem dispostos e até idealistas, possam reconhecer-se, como num espelho, na cena do jovem rico; e que — depois de se verem nela refletidos — fiquem em melhores condições de descobrir por que andam tristes, por que se sentem frustrados, por que, apesar dos seus ideais e esforços espirituais, se encontram encalhados e não só não avançam, como parecem recuar com o correr dos anos. A resposta a esses porquês é simples: Cristo disse-lhes também: *Ainda te falta uma coisa*; mas eles, lá no fundo de si mesmos, retrucaram: «Isso não!»

Contava São Josemaria Escrivá que conhecera um menino a quem a mãe ensinara, desde pequeno, a rezar de manhã e à noite. Ao acordar, recitava juntamente com ela o ato de consagração a Nossa Senhora: «Ó Senhora minha, ó minha Mãe, eu me ofereço todo a Vós, e em prova da minha devoção para convosco, vos consagro neste dia meus olhos, meus ouvidos, minha boca...» Não terminava, porém, a enumeração, porque — como quem quer prevenir equívocos — intercalava com veemência: «menos o meu coelhinho». Tudo estava ele disposto a oferecer a Nossa Senhora..., menos o seu coelhinho. Mons. Escrivá, ao narrar esse episódio, dizia aos que tínhamos a fortuna de ouvi-lo que pensássemos também se não teríamos o nosso «coelhinho».

Será que não temos mesmo? Seja qual for a nossa idade — ainda que já estejamos descendo a última ladeira da vida —, o «coelhinho» é todo e qualquer «menos isto» que nós opomos a Deus, ou seja, toda e qualquer reserva ou condição intocável.

Para o jovem rico, o problema residia nas riquezas. Para nós, onde está? Qual é a nossa ressalva, o nosso «menos isto»?

Uns colocam o rótulo de *intocável* no seu comodismo burguês: vida cristã, sim, mas sem falar muito em sacrifícios nem renúncias. Outros desconversam quando Deus, de algum modo, lhes pede que vivam bem a castidade: parecem-se com o governador romano Félix, que gostava de ouvir São Paulo, prisioneiro em Cesareia, até o dia em que o Apóstolo começou a falar-lhe sobre *a castidade e o juízo futuro*. Félix, então, todo atemorizado, disse-lhe: *Por ora podes retirar-te; mandar-te-ei chamar em outra ocasião* (At 24, 25). Há outros que têm o seu «menos isto» no filho que Deus lhes pede — mais um filho! — e que eles não querem aceitar; outros fecham os ouvidos à sua própria consciência, quando lhes diz que a honestidade nos negócios está acima da ganância; outros ainda querem ser bons cristãos, mas sem combater os defeitos que mais os dominam e lhes estão deteriorando o convívio familiar, prejudicando o trabalho ou congelando o crescimento espiritual: tudo menos renunciar à prepotência, ao comodismo, à inconstância, à crítica, ao excesso nos «aperitivos», à desordem nos horários, etc.

E, dentro deste triste campo das recusas, é amargamente penoso — deploravelmente melancólico — o caso dos que chegam à beira de uma entrega total, para a qual Deus os escolheu desde toda a eternidade; dos que enxergam uma vocação divina que com a sua claridade os deslumbra e, na hora decisiva, se encolhem por medo e se «retiram tristes», escondendo-se sob o manto cinzento do egoísmo, como o jovem rico.

Seja qual for o caso, existe em todos um denominador comum: o «não querer», que fez chorar Cristo em Jerusalém, e que acaba por fazer chorar muito amargamente os que o pronunciam. Afinal, Cristo chorou com as lágrimas do amor, e esses choram com as lágrimas da traição: traíram, com efeito, o plano que Deus preparara para eles.

Importa gravar bem estes ensinamentos do Evangelho. Ver claramente que não é só a rejeição radical de Deus que leva a vida ao malogro; é também a rejeição do *plano de Deus* a nosso respeito, ou de algum aspecto importante do mesmo. Cada ser humano veio ao mundo para ser o protagonista de um programa divino. Deus não nos lançou à toa na vida, mas tem um projeto para cada um de nós, que nos vai dando a conhecer — de muitos modos — com a sua graça. Depende da nossa liberdade aceitá-lo, dizendo «sim» a cada apelo divino, ou recusá-lo. Se o aceitarmos, encontrar-nos-emos a nós mesmos, porque acharemos a plenitude da nossa realização. Se o recusarmos, afundar-nos-emos na frustração: «ficaremos vazios», seremos como uma planta estéril que «podia» ter dado muito fruto, mas, porque «não quis», secou.

Comentando este árido vazio de uma vida frustrada, escreve poeticamente Saint-Exupéry que, num oásis do deserto africano, «junto da fonte, uma mocinha chorava, com a fronte oculta no cotovelo. Pousei-lhe docemente a mão nos cabelos e virei para mim aquele rosto. Não lhe perguntei a causa do desgosto, por saber perfeitamente que ela estava muito longe de o conhecer. A mágoa é sempre feita do tempo que corre e não formou o seu fruto»[1].

Quem chora — muitas vezes sem saber por quê —, pense que, se as suas lágrimas não brotam da fonte do amor ou da alegria, quase com certeza estão rolando porque — como dizia Cristo aos fariseus — *frustrou o desígnio de Deus a seu respeito* (cf. Lc 7, 30). Convença-se então de que há uma razão para esse vazio, um segredo revelado pelas lágrimas que Cristo derramou, na ladeira do monte das Oliveiras, quando avistou os brilhos da cidade de Jerusalém no domingo de Ramos: *Eu quis [...], e tu não quiseste! Eis que a tua casa ficará vazia.*

«NÃO A MINHA VONTADE, MAS A TUA»

No Horto das Oliveiras

Se lermos com atenção os relatos dos três primeiros Evangelhos sobre a oração de Jesus no Horto de Getsêmani, observaremos que fazem fincapé na *tristeza mortal* de Cristo (Mt 26, 38), na angústia que o invadiu (Mc 14, 33), no esforço doloroso com que orou ao Pai (Lc 22, 44), mas não mencionam lágrimas. É outro texto do Novo Testamento, a Epístola aos Hebreus, que nos diz que, naquela noite no Horto, o Senhor dirigiu a Deus Pai *preces e súplicas com grande clamor e lágrimas [...], e foi atendido* (Hb 5, 7).

Poucas passagens do Evangelho nos mostram Cristo — *perfeito Deus e perfeito Homem* — tão profundamente humano como esta do Horto. Na alma de Cristo irrompe — com uma cruel clareza, que o faz estremecer de angústia e pavor (cf. Mt 26, 37; Mc 14, 33) — a visão dos sofrimentos atrozes da Paixão, dos pecados dos homens que a provocam, do abandono dos mais íntimos dos amigos, os seus Apóstolos.

Tanta dor justificaria certamente o fato de Cristo ter chorado. No entanto, não foi principalmente — profundamente — por esses motivos que Jesus naquela noite derramou lágrimas. No Horto, como esclarece a *Epístola aos Hebreus*, as lágrimas de Jesus acompanharam uma oração que *foi atendida*. É evidente que não foram atendidos os rogos com que suplicou que, se era possível, fosse afastado dEle o cálice da dor. Bebeu o cálice, e bebeu-o até o fim. Outra é, portanto, a oração que foi atendida, e que lhe fez verter lágrimas: foi aquela que constitui a essência de toda a autêntica oração: *Meu Pai..., não se faça o que eu quero, mas, sim, o que tu queres* (Mt 26, 39). Esta petição, sim, foi «atendida», pois a vontade do Pai — que era salvar o mundo pelo Sacrifício da Cruz — foi realizada, mais ainda, *consumada* (Jo 19, 30). A esta oração, pois, é que a Epístola aos Hebreus liga as lágrimas de Cristo.

Mas então que significado têm essas lágrimas? Basta reler as descrições impressionantes da Oração no Horto para compreendê-lo. O esforço por aceitar a vontade do Pai foi, para Jesus, uma luta extrema. Como todo o ser humano, Ele experimentava enorme repugnância em face da dor, da injúria, da humilhação, da injustiça, da brutalidade... A sua oração foi, por isso, um terrível combate de amor, um dilacerante esforço por abraçar a vontade do Pai. São Lucas dá a esta oração insistente — *não se faça a minha vontade, mas sim a tua* — o nome de *agonia* (Lc 22, 44), palavra grega que significa luta, combate. Jesus, ainda que lhe custasse suores de sangue, queria dizer «sim» a Deus Pai e ao seu desígnio de salvar o mundo por meio do Sacrifício da Cruz. Para isso, teve de colocar o seu amor na máxima tensão, na máxima potência, no máximo ardor..., e foi daí, desse amor em combate com o sofrimento, que brotaram sobretudo aquelas lágrimas. Quem souber o que é amar não irá estranhá-las.

Cruzes e lágrimas

Pois bem, agora que já contemplamos Cristo, estamos em condições de nos contemplarmos melhor a nós mesmos. Essas lágrimas de Cristo, na hora do supremo sofrimento, devem levar-nos a meditar sobre a relação que há, na nossa vida, entre contrariedades e lágrimas, entre cruzes e prantos. Por que choramos e — o que é mais importante — *como* choramos, quando os acontecimentos ou as pessoas contrariam a nossa vontade e nos fazem sofrer? Por que a vontade de Deus, quando aparece em forma de cruz, suscita determinados tipos de lágrimas, por dentro ou por fora? É preciso ver e tentar entender essas nossas lágrimas.

Sejamos sinceros e reconheçamos que, com excessiva frequência, lá onde Cristo chorou de amor, nós choramos de raiva, de revolta, de inconformismo ou de desespero. Sendo assim, as lágrimas de Cristo no Horto oferecem-nos matéria para uma boa reflexão sobre os acertos e os desacertos da nossa vida... e das nossas lágrimas.

Há um fato indiscutível, e é que o sofrimento é nosso companheiro ao longo de todo o caminho da vida. E há um segundo fato, igualmente incontestável: conforme as pessoas — conforme a qualidade da alma das pessoas —, o sofrimento esmaga ou faz crescer, destrói ou amadurece.

Essa ambivalência da dor — que pode edificar ou arrasar — indica às claras que o problema, para qualquer ser humano, não reside no sofrimento que se lhe depara na vida, mas na atitude com que aceita ou rejeita a cruz. Como sucedeu junto de Cristo no Calvário, a mesma cruz afunda o mau ladrão e salva o bom.

Mas antes de meditarmos nas cruzes que a vontade de Deus nos envia, convém-nos pensar nas «falsas cruzes» que nós mesmos «fabricamos», e que nunca deveriam ter existido: cruzes absurdas que Deus não nos mandou nem quer mandar. Essas são as cruzes que nos fazem *chorar mal*.

De que espécie de cruzes se trata? Daquelas que aparecem só como consequência da nossa mesquinhez e dos nossos defeitos. A pessoa egoísta, ciumenta, invejosa, teimosa..., sofre muito e faz sofrer os outros. Mas esses sofrimentos não são cruzes, no sentido cristão da palavra. São apenas a secreção incômoda dos nossos egoísmos. Perante tais «cruzes», não teria o menor sentido a oração no Horto: *Não se faça a minha vontade, e sim a tua*, pois com certeza aquilo não é a vontade de Deus; pelo contrário, trata-se de pecados mais ou menos graves, que evidentemente Deus não quer. Portanto, se choramos por esse tipo de dores, as nossas lágrimas nada têm a ver com as de Cristo. São tão inúteis como amargas, tão prejudiciais como absurdas.

Se fôssemos fazer as contas, veríamos que a maioria dessas lágrimas ruins jorram de uma dupla fonte: a fonte do *amor-próprio* e a fonte do *amor-pequeno*.

A fonte do amor-próprio

O amor-próprio é uma fonte de péssimas cruzes. Como o orgulho nos faz sofrer! Que feridas infeccionadas não provoca! Basta uma lufada de ar — uma pequena desconsideração ou indelicadeza —, e o amor-próprio sente-se atingido como por um punhal.

Uma pessoa orgulhosa é incapaz de tolerar sem ficar magoada — sem se meter num calvário de sofrimentos íntimos — a menor humilhação, mesmo causada involuntariamente. Fica alterada, abatida; grava a mágoa na memória e a vai remoendo lá dentro; cultiva-a na imaginação, aquece-a ao fogo da autocompaixão, vai engrossando-a à força de lhe dar importância, e termina fazendo dela uma tortura insuportável. Sofre, e julga-se vítima. Escorrem-lhe pelas faces lágrimas de tragicomédia. Bastava que fosse um pouco mais humilde, que soubesse relevar minúcias, que se esforçasse um pouco por compreender, por desculpar, por oferecer a Deus as pequenas contradições, para não ter sequer um miligrama dessa cruz estúpida, que não é a cruz de Cristo.

Se a pessoa orgulhosa sofre, com tormentos fabricados pelo orgulho, que dizer da invejosa? Sempre comparando-se com os outros, sente subirem-lhe no coração ondas de melancolia, depressões enciumadas, revoltas contra a sorte e até clamores íntimos — ensopados de lágrimas perversas — contra a Providência de Deus. Essa pessoa invejosa, que chora frustrações, foi ela própria a criadora da sua falsa «cruz». Tivesse um coração mais generoso, e vislumbraria, feliz e agradecida — na mesma situação em que só vê infortúnios e injustiças da vida —, dez mil bondades de Deus e motivos de ação de graças, um panorama de miúdas e saborosas alegrias, que em vez de lágrimas lhe poriam canções dentro da alma.

A fonte do amor-pequeno

Vejamos agora a segunda fonte das lágrimas malsãs: a do amor-pequeno.

Já de início, poderíamos dizer que existe um sinal infalível de que o nosso amor é pequeno: o *mau humor*. Para quem ama pouco, toda a doação, toda a paciência, toda a compreensão solicitada pelo próximo é excessiva e aborrecida, qualquer sacrifício causa revolta ou mal-estar. O amor grande leva a generosidades grandes e faz com que nem se perceba o sacrifício. Como dizia Santo Agostinho: «Quando se ama, ou não se experimenta trabalho, ou o próprio trabalho é amado». Pelo contrário, o amor-pequeno transforma uma palha numa «cruz» insuportável. Então, um sacrifício que caberia «dentro de um sorriso, esboçado por amor»[2], não cabe na vida e explode em lágrimas: lágrimas ruins, que Cristo jamais derramou. Este soturno mau humor vai configurando o tipo de personalidade que se caracteriza pelos contínuos resmungos, queixas constantes e incessantes protestos. O mau humor é a sombra do amor-pequeno, o sinal que o dá a conhecer.

Se olharmos de perto o que há por trás desse mau humor, veremos que, em noventa por cento dos casos, é simplesmente a pura e simples realidade da vida, com as suas normais incidências, lutas e esforços. Por outras palavras, o que há na raiz do mau humor é apenas a falta de aceitação da vontade de Deus no dia-a-dia.

É triste lamentar, como se fossem coisa do outro mundo, dificuldades que são normais. Não é nenhuma contrariedade inesperada o fato de que os outros tenham asperezas de caráter, de que o cumprimento do dever canse, de que alcançar metas profissionais ou melhoras nos que nos cercam — especialmente no marido, mulher, filhos — e nem digamos a correção dos nossos próprios defeitos, seja algo lento e demorado. No entanto, é muito comum que, ao constatá-lo, nos sintamos indispostos, nos deixemos levar pelo aborrecimento, pela impaciência, pelo protesto, e percamos o bom humor. Reações de todo desproporcionadas e ridículas, pois lá onde nós imaginamos grandes «cruzes» está apenas a vida, a vida que, com um pouco mais de amor, ficaria pontilhada de alegrias e coroada de ações de graças.

Cristo pede-nos que tomemos com amor a *cruz de cada dia* (Lc 9, 23), é certo, mas — lembrando o que dizia João Paulo I — essa cruz deveria ser carregada com o «sorriso cotidiano» e não fazendo dela a «tragédia cotidiana». No entanto, muitos conseguem mudar o sorriso em tragédia.

Bastam-lhes para tanto duas coisas: em primeiro lugar, amar pouco, como já víamos. Em segundo lugar, viver enfronhados num mundo de imaginações escapistas e sonhos irreais. Muitos são os que reclamam do real — que é a vida, sempre rica em possibilidades de amar, que Deus nos dá — e passam a instalar-se, esterilmente, no mundo irreal das hipóteses: se eu tivesse essas outras condições pessoais, essa sorte, essa oportunidade profissional...; se a minha mulher fosse mais bonita, pacífica e econômica...; se o meu país tivesse uma economia estável... E, assim, enquanto vivem no mundo do «tomara que», atolam-se no que Mons. Escrivá chamava a «mística do oxalá». Desse modo, estragam a realidade, que é a única que existe e que a cada instante nos oferece ocasiões de amar e de servir e, como consequência, de sermos felizes.

Quem chora injustamente por causa da cruz cotidiana perde a cruz de Deus e encontra a «cruz» do diabo. São cheias de sabedoria aquelas palavras da *Imitação de Cristo* que dizem: «Se levas com gosto a cruz, ela te levará. Se a levas a contragosto, acabas por torná-la mais pesada para ti e a ti mesmo te sobrecarregas. Se rejeitas uma cruz, sem dúvida encontrarás outra, e possivelmente mais pesada»[3].

O escândalo da Cruz

Passemos agora a considerar um tipo bem pior de lágrimas negativas, corrosivas como um ácido perverso: são as que brotam da cegueira, da completa falta de fé perante o mistério da Cruz que se faz presente na vida de cada ser humano.

Muitos dos que estão dominados pelo amor-próprio ou pelo amor-pequeno, entendem apesar disso que a cruz tem valor. Creem nas palavras de Cristo sobre a necessidade de tomar a cruz para segui-lo (cf. Mt 16, 24); acham apenas — como acabamos de ver — que a sua cruz cotidiana é excessiva ou deveria ser outra. Em suma, têm fé, mas não têm amor à *sua* cruz. Talvez amem a cruz teórica, mas não a cruz real.

Esses outros, de que agora falamos, não tendo fé no valor da cruz, cortam pela raiz a possibilidade de padecer com amor. Para eles, o sofrimento, a cruz, é — como dizia São Paulo — um escândalo ou uma loucura (cf. 1 Cor 1, 23). Por isso, fazem de tudo para eliminá-la, e julgam aberrante a mensagem da fé cristã, que vê na cruz um estandarte, o símbolo salvador, a expressão do amor supremo.

Essa cegueira impregnada de ódio à Cruz — à Cruz de Cristo — acaba paradoxalmente por povoar o mundo de cruzes malditas, que o afundam numa tristeza sem limites e numa desolação sem resgate. Uma grande parte da atual sociedade neo-pagã nada quer saber de sacrifício, de renúncia, de sofrimento. «Abaixo a dor, suprimamos a cruz!», grita, como quem está proclamando o manifesto do verdadeiro progresso. Coerente com isso, não quer saber — entre outras muitas coisas — do sacrifício exigido pela fidelidade, e transforma o casamento numa aventura banal, que se desfaz ao primeiro contratempo; não quer ouvir falar de sexo que não seja mero prazer; abomina a entrega perdurável e a responsabilidade dos filhos; e não hesita em trucidar em massa inocentes não-nascidos, ao passo que chora hipocritamente pelas baleias de que nunca irá cuidar; submete-se a exercícios e tratamentos dolorosos e complicadíssimos para salvaguardar a saúde e prolongar a vida, e com feroz egoísmo enjeita na solidão de um asilo ou de um hospital os velhos ou os enfermos, e acaba por arvorar a infame bandeira da eutanásia.

Bebês assassinados, anciãos esquecidos ou liquidados, casamentos desfeitos com traumas indizíveis e consequências nefastas para os filhos da desunião: eis algumas das trágicas «cruzes do diabo», que vão semeando pelo mundo os egoístas, os que se escandalizam com a cruz amorosa de Cristo e repudiam os ideais de abnegação, de sacrifício e de renúncia cristã.

Quando o mundo foge da *sabedoria* da cruz de Cristo (cf. 1 Cor 1, 24), quando deixa de vê-la como sinal de salvação e manancial de alegria (a cruz de Jesus é sempre passagem para a ressurreição!), então o mundo endoidece e torna-se inabitável. Por isso chora, mas as suas lágrimas são a chuva negra do nada: não têm sentido, nem remédio, nem consolo.

A sabedoria da Cruz

Voltemos à luminosidade limpa das lágrimas de Cristo no Horto das Oliveiras. Já vimos que foram lágrimas de amor, no seu ingente esforço por aceitar a cruz e abraçar ardentemente a vontade do Pai.

Para penetrarmos melhor nessas lágrimas, lembremo-nos de que a oração no Horto começa com uma palavra que é a chave para compreender tudo o mais: *Abá, Pai, tudo te é possível...* (Mc 14, 36). São Marcos quis conservar-nos a expressão original que Cristo utilizou naquela noite para começar o seu diálogo com o Pai. *Abá* é uma palavra aramaica — essa era a língua que Jesus falava — usada pelas crianças para se dirigirem carinhosamente a seus pais. É equivalente às nossas expressões carinhosas «papai», «paizinho»...

O detalhe é revelador. Por ele percebemos que, antes de pedir nada e antes de aceitar qualquer coisa, existe no coração de Cristo uma convicção, que nEle é clarividência absoluta: a de que Deus é um Pai infinitamente amoroso e, portanto, tudo o que dEle possa vir é bom; tudo é — ainda que por modos e vias cheios de mistério — um dom de amor paterno.

Esta plena lucidez é, nEle, prévia a qualquer reação ou atitude. Jesus sabe *de antemão* que tudo o que vier do Pai será um bem. Não hesita em abrir-lhe confiante o coração, que reluta perante o cálice da dor. Mas está, simultaneamente, pronto para aceitar seja o que for — *seja feita a tua Vontade* —, com disponibilidade total. Jesus «consumará» a vontade do Pai ao lançar o último suspiro na cruz; e lançá-lo-á com paz — ousaria afirmar que com íntima alegria, compatível com as lágrimas —, como que a exclamar: é bom, é bom ter cumprido a tua vontade, Pai, é maravilhoso poder morrer dizendo: tudo o que me pediste *está consumado* (Jo 19, 30).

Esta disposição, que na alma de Cristo nascia da clarividência decorrente da sua união com a segunda pessoa da Santíssima Trindade, em nós tem que provir da luz da fé. É sempre a partir da fé que se torna possível entender, amar e até mesmo desejar a cruz que Deus, nosso Pai, nos quiser enviar.

Um homem pode não estar *entendendo* nada quando o sofrimento o envolve como uma venda escura; mas, se é um filho de Deus que tem fé, *sabe* — sabe, mesmo sem o compreender — que toda a cruz querida ou permitida por Deus Pai é positiva, é construtiva, é uma cruz que salva. E, como São Paulo, pode afirmar com segurança: *Ora, nós sabemos que todas as coisas concorrem para o bem daqueles que amam a Deus!* (Rom 8, 28).

O conhecido psiquiatra vienense Viktor Frankl ilustra esta fé que «entende sem compreender» — justamente porque acredita e confia — por meio de dois exemplos.

O primeiro é tirado de uma experiência de laboratório. Vejamos o caso — dizia — do macaco ao qual se dá uma dolorosa injeção para extrair soro. Poderá compreender alguma vez por que deve sofrer? É impossível para ele acompanhar o pensamento do homem que o submete a essa experiência, porque o mundo do sentido e dos valores humanos lhe é inatingível; não pode penetrar nas suas dimensões. Mas — acrescenta o cientista — porventura o nosso mundo humano não está, por sua vez, ultrapassado por outro mundo que não chega a ser totalmente acessível ao homem, mas cujo sentido — um sentido *sobre-natural* — é o único capaz de dar sentido à dor humana? Ora, a passagem para essa dimensão sobre-natural só pode fundamentar-se no amor. Tal coisa não é novidade. Existe até como que uma predisposição natural para tanto. Pensemos em alguém que sinta afeição por um cachorrinho e que, para bem do animal, tenha de submetê-lo a uma intervenção dolorosa. O cachorro olha para o dono cheio de confiança. Sem poder «saber» qual o sentido daquele sofrimento, o animal contudo «crê», «confia-se» ao dono, e deixa fazer.

O segundo exemplo, tira-o Viktor Frankl da sua experiência clínica, e é comovente. Trata-se do relato de uma carmelita, vítima de uma forte depressão: «A tristeza — conta ela — é a minha habitual companheira. Tudo o que faço pesa na minha alma como um peso de chumbo. Onde é que estão os meus ideais, toda a grandeza, toda a beleza, todo o bem para o qual, alguma vez, já se lançaram todos os meus esforços? Agora, um tédio sem fundo mantém prisioneiro o meu coração. Vivo como se estivesse suspensa no vazio. Há momentos em que até mesmo a dor me rejeita...

«No meio desta angústia, eu grito para Deus, o Pai de todos. Mas Ele também parece calar-se. Desejaria apenas uma coisa: morrer hoje mesmo, se fosse possível...

«Se eu não tivesse a certeza da fé, de que não sou a dona da minha vida, já a teria recusado muitas vezes. Com esta fé, toda a amargura da dor começa a mudar, porque quem pensa que uma vida humana deve ser um contínuo avançar de sucesso em sucesso, assemelha-se a um louco que para diante de um prédio em construção e se espanta de que se cave em profundidade lá onde deve ser erguida uma catedral. Deus constrói para si um templo em cada alma humana. Comigo, Ele começou a cavar os alicerces. O meu dever é tão só manter-me dócil aos seus golpes...»[4]

Purificação e amadurecimento

A força da fé reside em que ela é um facho de luz que, já de antemão — antes que qualquer coisa aconteça —, nos assegura que de Deus não nos pode vir mal algum, e nos convida a procurar entender — nem que seja obscuramente — a razão divina, a finalidade espiritual e o sentido de cada sofrimento. Pois, como víamos, há uma certeza prévia inabalável que a alma cristã possui, e é a de que não há cruz sem sentido.

Em algumas ocasiões, irá clareando dentro de nós, como uma luz crescente, a convicção de que Deus nos *trabalha* por meio do sofrimento: desde o produzido por uma simples dor de cabeça ou um objeto perdido, até o causado por uma doença grave, um fracasso profissional ou a perda de um ser querido. Aos poucos, vamos adquirindo «a experiência de que a dor é o martelar do artista que quer fazer de cada um, dessa massa informe que somos, um crucifixo, um Cristo, o *alter Christus* (o outro Cristo) que temos de ser»[5].

Quantas virtudes não se temperam, como o ferro na forja, por meio do sofrimento! A dor pode pulverizar-nos ou fortalecer-nos, enlouquecer-nos ou fazer-nos sábios. Já dizia Camões que o amor dá às almas sofredoras «poder para entenderem, à medida dos males que tiverem»[6].

Em geral, não costumamos ver o valor do sofrimento na mesma hora em que nos acomete. Mas o cristão, movido pela fé, procura compreendê-lo num segundo momento, que é feito de oração, de reflexão na presença de Deus, talvez de lágrimas aprazíveis. Então, sim — ajudados pela graça —, podemos descobrir a mensagem divina daquela dor, e vamos compreendendo, cheios de esperança, que é uma oportunidade magnífica de elaborar, como a abelha, o mel de uma humildade mais profunda, de um abandono em Deus mais completo, de um amor mais amadurecido.

Em outras ocasiões, o Espírito Santo nos faz perceber o valor do sofrimento como meio de expiação dos nossos pecados: é a mão paterna e materna de Deus que nos limpa, nos purifica com a cruz redentora e nos prepara para o encontro pleno com Ele. Assim via os padecimentos aquela mulher agonizante que São Josemaria Escrivá acompanhava. Era por volta de 1931, no Hospital del Rey, de Madri. Com muita frequência, Mons. Escrivá visitava e atendia os doentes incuráveis que lá definhavam. Uma das pacientes sem remédio era «uma desventurada mulher, estragada pelo vício, de boa posição social no passado. Procedia de uma família aristocrática, mas tinha dissipado a sua juventude numa vida sórdida.

«Administrada a Extrema-Unção, o sacerdote ajudou-a a bem morrer, ao mesmo tempo que instilava na sua alma um orvalho de arrependimento: uma ladainha de louvores à dor, brasa divina que cauteriza, purifica e nos regenera de turvas sujidades.

«Ela, vencendo estertores, repetia feliz, muito feliz: "Bendita seja a dor! Amada seja a dor! Santificada seja a dor! Glorificada seja a dor!" — "Eu me lembrava — diria depois São Josemaria — de Maria Madalena; sabia amar"»[7].

A felicidade na Cruz

E ainda pode chegar um momento em que, já amadurecidos pela graça e com a alma aquecida pela proximidade de Deus ardentemente buscado e amado, sintamos o coração dilatar-se para espaços mais vastos e nos sintamos felizes amando a cruz — até mesmo a mais dura e penosa — por vermos nela um meio sublime de nos unirmos a Jesus Cristo, de colaborar com Ele na redenção da humanidade, no bem espiritual, eterno, dos nossos irmãos os homens. Neste sentido é que São Paulo dizia alegrar-se sobremaneira nos padecimentos que passava pelos seus discípulos: *Tudo sofro por amor dos escolhidos, para que também eles consigam a salvação em Jesus Cristo, com a glória eterna* (2 Tm 2, 10); *completo na minha carne o que falta às tribulações de Cristo pelo seu corpo, que é a Igreja* (Col 1, 24).

Como é maravilhosamente comovedor pensar que uma alma generosa pode chegar ao ponto de amar o sofrimento — «a vontade do Pai» — com verdadeira alegria, unido ao «sim» que Cristo pronunciou com lágrimas de amor no Horto das Oliveiras! «Tu fizeste, Senhor — dizia uma dessas almas —, que eu entendesse que ter a Cruz é encontrar a felicidade, a alegria [...]; ter a Cruz é identificar-se com Cristo, é ser Cristo e, por isso, ser filho de Deus»[8].

Uma alma assim vê cumprir-se em si a desconcertante bem-aventurança das lágrimas: *Bem-aventurados os que choram, porque serão consolados* (Mt 5, 4). «Os discípulos de Cristo — comenta Chevrot — serão *consolados*; nunca mais ficarão *desolados*, porque nunca mais estarão *isolados*. Nunca mais estarão a *sós* com a sua dor. O cristão é consolado quando sofre como Jesus Cristo. O socorro mais precioso que podemos encontrar nas aflições é a certeza de que Cristo sofre conosco... Tudo o que sofreu, escreve Santo Agostinho, sofremo-lo nós nEle; e tudo o que nós sofremos, Ele mesmo o sofre em nós. Felizes os cristãos que, ao chorarem, dizem com Cristo: "Pai, seja feita a tua vontade!... Pai, entrego a minha vida em tuas mãos!..." Já não estão sós! Foram consolados»[9].

«COMO O AMAVA!»

«E Jesus chorou»

Há um versículo do Evangelho que diz apenas: *E Jesus chorou* (Jo 11, 35).

O fato aconteceu no vilarejo de Betânia, próximo de Jerusalém, em fins de fevereiro ou começos de março do último ano que Jesus passou nesta terra em carne mortal.

Encontrava-se, antes disso, longe de Jerusalém, do outro lado do Jordão, para se esquivar por uns tempos das mãos dos que procuravam prendê-lo, como nos conta São João (Jo 10, 39-41). Até esse lugar afastado chegou um dia, procedente de Betânia e coberto pelo pó do caminho, um mensageiro com um recado de uma família de três irmãos — Marta, Maria e Lázaro — que, com calor de amizade, acolhia Jesus sempre que ia até Jerusalém. O recado é um poema de carinho e confiança: *Senhor, aquele que tu amas está doente*. Marta e Maria não precisavam mencionar o nome do seu irmão mais novo, Lázaro. Bastava dizer *aquele que tu amas*, que Jesus iria entender. Também não era necessário pedir-lhe que fosse lá com urgência; era suficiente informá-lo. Tão grande era a certeza que elas tinham do amor de Jesus!

No entanto, com uma reação que os próprios discípulos de Cristo estranharam, o Senhor deixou-se ficar tranquilamente por mais dois dias naquela região distante. Como que para evitar equívocos, São João, que nos conta o acontecido, sente a necessidade de esclarecer: *Ora, Jesus amava Marta, Maria, sua irmã, e Lázaro. Mas, embora tivesse ouvido que ele estava enfermo, demorou-se ainda dois dias no mesmo lugar.*

Como devem ter ficado desconcertados os Apóstolos quando, ao cabo desses dois dias, o ouviram dizer, com expressão tranquila: *Lázaro morreu, e alegro-me por vossa causa de não ter estado lá, para que creiais*. Nós, agora, entendemos bem estas palavras, mas os Apóstolos, na altura, não as podiam captar. Sabemos que Jesus tinha, desde sempre, o desígnio de ressuscitar Lázaro, restituindo-lhe a vida — num dos seus mais espantosos milagres —, após o corpo ter já entrado em decomposição. Por isso Jesus se alegra: pela fé que esse milagre iria suscitar, e pela alegria das irmãs, que veriam Lázaro voltar do túmulo, onde já o tinham deposto numa despedida definitiva. Com a sua ciência divina, Jesus sabe o que vai acontecer; sabe bem o que a sua vontade todo-poderosa vai ordenar: *Lázaro, vem para fora!* O morto, então, sairá com os pés e as mãos enfaixados e o rosto coberto por um sudário; e será desamarrado, e começará a andar, e ficará abraçando, e rindo e chorando.

Vale a pena frisar este clima de certezas divinas, para podermos compreender melhor por que Jesus, em Betânia, instantes antes de ressuscitar Lázaro, chorou.

Quando finalmente — após demorar-se dois dias — se encaminha para a casa da família amiga, mal chega lá a notícia de que está entrando no lugar, vai-lhe ao encontro Marta e, com carinho dolorido, desabafa: *Se tivesses estado aqui, meu irmão não teria morrido*. Quantas vezes as duas irmãs não teriam comentado isso entre si, naqueles dias de luto! O certo é que, pouco depois a outra, Maria, sai correndo, lança-se aos pés de Jesus e repete idênticas palavras: *Senhor, se tivesses estado aqui, meu irmão não teria morrido*; e, enquanto fala, as lágrimas banham-lhe o rosto.

Prestemos atenção ao que diz o Evangelho, sem esquecer — repitamo-lo —

que Jesus sabe perfeitamente que está a uma distância de poucos minutos do milagre da ressurreição de Lázaro. Pois bem, assentado interiormente nessa certeza, Cristo tem uma reação que convida a meditar: *Ao vê-la chorar assim, como também os judeus que a acompanhavam, Jesus ficou intensamente comovido; e, sob o impulso de profunda emoção, perguntou: Onde o pusestes? Responderam-lhe: Vem ver, Senhor. E Jesus chorou. Diziam os judeus por isso: Vede como ele o amava!*

Lágrimas de compaixão

Nenhum dos presentes duvidou um instante de que aquelas lágrimas fossem de amor. Alguns judeus chegaram até a recriminá-lo: *Não podia ele, que abriu os olhos ao cego de nascença, fazer que este não morresse?* (cf. Jo 11, 1-44). Muita razão tinham estes homens em pensar que Jesus amava entranhadamente Lázaro, mas, ao julgarem que Jesus chorava pela perda do amigo, não conseguiram penetrar no sentimento que encheu de lágrimas os olhos do Senhor.

Será que Ele chorou realmente *pela morte* de Lázaro? É difícil dizer que sim, uma vez que a morte era para Jesus um inimigo frágil, que Ele ia vencer daí a instantes com uma palavra apenas. *Lázaro dorme* — havia dito três dias antes, com total serenidade —, *mas eu vou despertá-lo*; palavras que São João esclarece com o seguinte comentário: *Jesus falou da morte dele, mas os discípulos pensaram que falasse do sono como tal* (Jo 11, 11-13). Não. Jesus não podia chorar pela perda de Lázaro, simplesmente porque essa perda não existiu. São João — o cronista presencial do acontecimento — ao escrever anos mais tarde o seu Evangelho, lembra-se claramente — porque lhe ficou gravado — que Jesus se comoveu e derramou lágrimas fundamentalmente *porque* viu chorar Maria, e Marta e os que as acompanhavam: *Ao vê-la chorar assim [...], ficou intensamente comovido* (Jo 11, 33). Estas palavras desvendam o segredo das «terceiras lágrimas», que cronologicamente foram as primeiras: foram lágrimas de amorosa compaixão.

Acabamos de deparar com uma palavra-chave — *compaixão* — que diz muitíssimo e, ao mesmo tempo, se presta a equívocas interpretações.

Que significa ter compaixão?

No seu sentido primigênio e exato, *com-padecer* (de onde vem *compaixão*) significa condoer-se, padecer pela dor de outro, sentir como coisa própria a pena e o sofrimento alheios, e assumi-los como se fossem nossos. Talvez esteja aí o cerne da compaixão: nesse *assumir como próprio* o que é de outro, quer seja uma limitação, quer uma necessidade, uma carência, um extravio ou uma miséria física, moral ou espiritual. «Dói-me o teu peito», escrevia — com esse espírito — Mme. de Sevigné à sua filha.

Poderíamos definir melhor essa compaixão que vemos luzir nos olhos de Cristo em Betânia, traduzida em lágrimas, como um amor sentido e vivido, que faz *colocar o «outro» no mesmo lugar que o «eu»*, isto é, que põe sinceramente o coração do outro no lugar do nosso próprio coração, e faz com que o nosso bata, se alegre, chore — *chorai com os que choram*, dizia São Paulo (Rm 12, 15) —, lute, se empenhe e se entregue ao ritmo do coração amado, de modo que a vida do outro seja também «vivida» por nós.

É extremamente significativo que — numa das suas mais belas parábolas — Cristo tenha usado o sentimento e o ato de compaixão para ilustrar o mandamento divino que tantas vezes recordou aos homens: *Amarás o teu próximo como a ti mesmo* (Lv 19, 18; Mt 19, 19 e 22, 39; Mc 12, 31 etc.). Referimo-nos à parábola do bom samaritano, que é exatamente a resposta a um doutor da Lei que, depois de ter citado esse mandamento divino, pergunta: *E quem é o meu próximo?* (Lc 10, 29).

A parábola focaliza, como expoente do amor ao próximo, o viajante samaritano que, ao encontrar um judeu ferido e meio morto na estrada que descia de Jerusalém a Jericó, *moveu-se de compaixão*. Sentiu compaixão, mas não ficou nisso: caso tivesse passado adiante, com lágrimas nos olhos mas sem mexer um dedo, como antes dele tinham feito um sacerdote e um levita, não seria senão um sentimental egoísta, como existem tantos. Este homem, porém, partiu para o *ato* da compaixão. Sem atentar para o fato de que o ferido pertencia a um povo inimigo, sem ficar ponderando que estava de passagem, com pressa, e com muitas coisas por fazer — caso contrário, nunca teria ido a Jerusalém —, o bom samaritano *aproximou-se, ligou-lhe as feridas, deitando nelas azeite e vinho; colocou-o sobre a sua própria montaria, levou-o a uma hospedaria e cuidou dele em tudo* (cf. Lc 10, 30-37). Será possível uma imagem mais clara do que seja a autêntica compaixão? Não é a compaixão dos tremeliques sentimentais sem consequências, mas a de quem coloca o outro no lugar do eu — como víamos —, e por isso faz pelo outro o que faria por si mesmo, ou — caso não possa — deseja que outros o façam.

As lágrimas de Jesus em Betânia são, pois, a manifestação deste amor. Já desde os começos do cristianismo, os mais antigos comentaristas viram na figura do bom samaritano uma imagem do próprio Cristo: «Este samaritano — Jesus — lavou os nossos pecados, sofreu por nós, carregou o homem que estava meio morto, levando-o à estalagem, isto é, à Igreja, que recebe a todos e que não nega o seu auxílio a ninguém, e à qual Jesus nos convoca dizendo: "Vinde a mim"»...¹⁰ É bem verdade que Jesus ultrapassou de longe o preceito de amar o próximo «como a si mesmo», uma vez que nos amou mais do que a si mesmo, chegando a aniquilar-se na cruz e a dar a vida para que nós *tivéssemos vida* (cf. Jo 10, 10). *Ninguém tem maior amor do que aquele que dá a vida pelos seus amigos; vós sois meus amigos...* (Jo 15, 13-14). Sim, Cristo amou-nos mais do que a si mesmo, e justamente por isso as suas palavras estão carregadas de uma autoridade impressionante quando nos repete, a cada um de nós, ao ouvido: «Ama o teu próximo como a ti mesmo».

Amar como a nós mesmos

Amar como a nós mesmos! É coisa que se diz muito facilmente, mas não é nada fácil de viver. Se colocássemos num prato da balança o peso das nossas preocupações, interesses, sofrimentos e planos pessoais; e no outro o das preocupações, interesses, necessidades... dos que se cruzam conosco no caminho da vida, preferiríamos desviar os olhos para não ver o terrível desequilíbrio da balança.

Lembro-me de ter assistido, há bastantes anos, a um breve filme que apresentava a figura de um paralítico, dobrado amargamente sobre a sua desgraça, fechado em si e revoltado contra a vida e o mundo... Um belo dia, o seu coração despertou para o amor e, no cofre onde guardava o «eu», abriu espaço para acolher a pessoa amada, com o seu coração, com as suas alegrias e penas, seus sonhos e esperanças. «Eu vivia sozinho — dizia a certa altura o protagonista —, como um homem que mora numa casa rodeado de espelhos. Para onde quer que me voltasse, só via refletido o meu próprio rosto. Ela — a moça que fez despertar nele um amor desprendido — transformou os espelhos em janelas».

É muito importante que, na vida, vejamos como andamos em matéria de espelhos. Muitas pessoas, infelizmente, possuem o que poderíamos chamar a *síndrome do morcego*. Diz-se deste pequeno mamífero voador que é cego ou quase cego. No entanto, revoluteia vertiginosamente, de dia ou de noite, sem esbarrar em obstáculo algum. Os entendidos explicam-no dizendo que voa emitindo sons praticamente inaudíveis, mas que produzem o efeito do sonar — esse sistema de orientação por sons e ecos que todos conhecemos pelos filmes de submarinos. O grito do morcego ecoa nos objetos, e o som volta aos seus ouvidos, orientando-o. Quer dizer, em resumo, que o morcego se mexe guiado pelo eco de si mesmo.

Assim são muitos. Em todas as coisas, só são capazes de escutar-se a si mesmos; isto é, nas situações da vida, nos problemas, nas outras pessoas, só captam os reflexos do seu próprio egoísmo: só percebem se aquilo é agradável ou vantajoso, interessante ou aborrecido para eles... Bem dizia alguém que os egoístas são como veículos movidos a «iis»; e explicava a brincadeira deste modo: só se mexem e reagem movidos pelo que *interessa* ou pelo que *incomoda*. No primeiro caso, para buscar o máximo de vantagem; no segundo, para fugir aos incômodos o mais possível. Tudo neles se reduz aos dois «iis».

A pessoa prisioneira de espelhos, metida nas grades do «interessa» e do «incomoda», na mesma medida em que se fecha dentro de si mesma para se defender de penas e sacrifícios, vai sendo corroída pelo padecimento e pela tristeza, que são as secreções do egoísmo. A alma vazia de amor é como um barril vazio: qualquer pancada retumba nele como se fosse um trovão, de maneira que um simples tamborilar de dedos parece — pela sua ressonância — uma tempestade; no entanto, se estivesse cheio, mesmo um choque violento ficaria abafado. Do mesmo modo, no vácuo da alma egoísta, qualquer contrariedade, qualquer padecimento tem uma ressonância exagerada, de forma que aquilo que um coração amoroso nem sequer notaria — as contrariedades e exigências que aceitaria com um sorriso —, para aquela pobre alma tornam-se um ferimento mortal, uma carga insuportável.

Uma prisão na alma

É típico do egoísta ser prisioneiro de um mundo interior de imaginações doentias, que tem o «eu» como faísca e as contrariedades como fluido inflamável. «Quantas vezes — diz um autor espiritual — és vítima da imaginação!... Quantas suspeitas sem fundamento, radicadas apenas na tua cabeça! [...] Os pequenos contrastes, que se dão necessariamente em todos os círculos da convivência humana, mesmo entre santos — porque não somos anjos —, agigantam-se e deformam-se em consequência da imaginação, e criam estados de ânimo duradouros que nos fazem sofrer muitíssimo. Por coisinhas de nada, por ninharias e pelo jogo da fantasia, cavam-se abismos que dividem as pessoas, que destroem afetos e amizades, porque vão corrompendo a unidade»[11].

É natural que, nessas circunstâncias, o mundo interior do egoísta se vá povoando de queixas, impaciências, agitação, ira e desassossego, de onde brotam lágrimas amargas, as lágrimas da *solidão insolidária*, que são a antítese das lágrimas de compaixão que Jesus derramou em Betânia.

Como estamos percebendo ao longo destas reflexões, quando um coração é incapaz de chorar com as lágrimas de Cristo, ou seja, com as lágrimas do amor, inevitavelmente vê irromper dentro dele as lágrimas do azedume.

Não é fácil quebrar o círculo vicioso que o egoísta cria no seu interior. Cheio de queixas e insatisfações, irrita-se, a irritação deixa-o mal disposto, a indisposição move-o a reclamar mais e, nessas condições, fica mais inclinado a tornar a irritar-se e a indispor-se, etc., numa sequência sem fim.

São Gregório Magno escrevia, no século VII: «A tristeza move à ira e à contrariedade, e assim percebemos que, quando estamos tristes, facilmente nos incomodamos e nos irritamos por qualquer coisa; mais ainda, a tristeza enche o homem de suspeitas e de malícia...»[12] Com estas palavras, mostra-nos o círculo vicioso de que falávamos. Muito tempo antes, no século II, um cristão leigo da época das perseguições — tempos em que a angústia parecia justificada — escrevia, num dos livros mais antigos do cristianismo: «Expulsa da tua alma a tristeza, pois ela é irmã da dúvida e da cólera... O triste sempre age mal»[13]. São constatações de que o desamor egoísta gera lágrimas sombrias, que escorrem sem fim nem proveito — antes causando um dano imenso — no mundo escuro da alma voltada para si mesma e esquecida de se dar aos outros, de ter «compaixão».

Depois de pensar nestas coisas, a conclusão que brota espontânea é que vale a pena desistir de «defender-se» do sacrifício que o amor comporta. Vale a pena abnegar-se e dar-se, como nos pede Jesus.

Ver e considerar

Não esqueçamos, porém, que «amar o próximo como a si mesmo» exige uma série de condições. Detenhamo-nos na primeira delas, que é pressuposto das outras: *a consideração*.

É impossível amar sem «ter consideração» ou «levar em consideração» os outros. Bem sabemos que, quando uma pessoa se desconsidera e perde o respeito por si mesma, desliza fatalmente para o desmazelo material e a deterioração moral: larga-se, abandona-se, às vezes de modo lastimável. Da mesma forma, sem consideração pelos outros, não pode haver nem «atenção» nem «atenções»; só haverá descuidos e desrespeitos.

«Respeitar — comenta um conhecido escritor católico — é olhar para os outros descobrindo o que valem. A palavra vem do latim *respectus*, que significa olhar com consideração. Saber conviver exige que se respeitem as pessoas, como aliás as coisas, que são bens de Deus e estão a serviço dos homens; já se disse com verdade que as coisas só mostram o seu segredo aos que as respeitam e amam [...]. O respeito é condição que permite contribuir para a melhoria dos outros»[14].

Reparemos que a primeira coisa que faz o bom samaritano da parábola não é apenas «ver», mas ter consideração, ou seja, respeitar o valor, a importância, a dignidade do ferido. Pelo contrário, o sacerdote e o levita que passaram pelo mesmo lugar um pouco antes, *viram*, diz textualmente o Evangelho, mas seguiram adiante sem ligar, sem «considerar» aquele ser humano necessitado.

O que o bom samaritano viu e respeitou com amor foi um homem ferido. Em nenhum momento pensou, como é lógico, ter encontrado um homem são. O judeu estendido no caminho, maltratado pelos salteadores, estava com *muitos ferimentos* (Lc 10, 30), e foram precisamente essas feridas que mereceram a sua consideração e o moveram à compaixão (Lc 10, 33).

Nós, antes de nos irritarmos com as limitações e os erros dos outros, teríamos que abrir melhor os olhos da alma e ver neles «muitos ferimentos», pois os defeitos do nosso próximo, o que são senão ferimentos morais, tão sérios ou mais do que os físicos? Se tivéssemos a *compaixão* de Jesus, não choraríamos de raiva, nem de amor-próprio ofendido, nem de despeito por causa desses defeitos, como não raro fazemos, mas — como o Senhor em Betânia — choraríamos de compaixão. Então, a exemplo de Cristo que, debruçado sobre os nossos males, «cuidou de nós em tudo» (cf. Lc 10, 34), haveríamos de perguntar-nos: que posso fazer para tratar essas feridas, em vez de me irritar com elas? Que azeite suave e que vinho curativo posso colocar nelas?... Bastaria, em muitas ocasiões, começar a fazer-nos tais perguntas para que logo desaparecesse o mau humor e arrefecesse a ira. Já não «desconsideraríamos» os outros, antes nos sentiríamos movidos de compaixão, e começaríamos a viver a aventura — inédita para os egoístas — de «amar o próximo como a nós mesmos».

Deste modo, pelo caminho que Cristo trilhou, iríamos pouco a pouco descobrindo as reservas de «azeite» e «vinho» que o amor é capaz de extrair do coração, e derramaríamos esses «cuidados de amor» sobre todos os homens, com espírito de autêntica «com-paixão».

Ver para dar

Trata-se, pois, de «ver» para poder viver o belo conselho de São Paulo, síntese da compaixão: *Levai uns as cargas dos outros, e deste modo cumprireis a lei de Cristo* (Gl 6, 2).

Para «levar as cargas», pensemos em primeiro lugar — evocando o exemplo do samaritano que carregou o ferido — que os outros deveriam ter mais espaço e mais «peso» nos nossos *pensamentos*. Na verdade, se o amor de Cristo habitasse no nosso coração, certamente nos preocuparíamos mais com os problemas do próximo. É sugestiva essa palavra «pre-ocupação» — no sentido em que agora a empregamos —, pois indica um modo de pensar *antes* com interesse, preparando assim uma dedicação, uma «ocupação» em serviço dos outros.

Como seria bom que o pai e a mãe de família, ao transporem o limiar da casa, deixassem fora as «preocupações» no sentido negativo da palavra, isto é, as apreensões, angústias, questões de solução difícil, prazos que vão vencer em breve..., e entrassem no lar com uma preocupação boa: com alguma iniciativa pensada, preparada antes com carinho para alegrar alguém, para causar uma agradável surpresa, para reavivar um diálogo um tanto descuidado, para enfrentar algum problema deixado de lado por comodismo, ou para dar um conselho que não pode esperar mais!

Em matéria de ajudas e serviços, não há dúvida de que a primeira preocupação que deveríamos ter para com os que amamos é a oração. Lembremo-nos de quanto não rezou e chorou Santa Mônica, «preocupada» durante longos anos com os extravios de seu filho Agostinho; de dia e de noite suplicava a Deus a sua conversão. O próprio Santo Agostinho conta no livro das *Confissões* que, certo dia, falando sua mãe, aflita, com o bispo Santo Ambrósio, este tranquilizou-a dizendo-lhe umas palavras que encheram a sua alma de consolo: «Vai em paz, mulher, e fica tranquila, pois é impossível que se perca um filho de tantas lágrimas»[15]. Em outro dos seus escritos, Agostinho anotará um dia, cheio de gratidão: «Se eu não pereci no erro, foi devido às lágrimas cotidianas cheias de fé de minha mãe»[16].

Para começar, portanto, tratemos de que os outros tenham mais «peso» no mundo dos nossos pensamentos. Depois, haveremos de conseguir que «pesem mais» também no mundo das nossas *palavras*.

Podemos dizer, por acaso, que as nossas palavras, concretamente as que dirigimos a toda a hora aos que conosco convivem ou trabalham, são palavras construtivas, veículos de amor serviçal, gotas de orvalho reconfortante na secura dos corações, ativadores das fibras de bondade que se escondem em todo o coração humano? Ou, pelo contrário, são palavras ferinas, agressivas, semeadoras de intranquilidade e de discórdia ou, o que às vezes é pior, são palavras ausentes, são o seco silêncio da indiferença?

Vale a pena recordar o que, a este respeito, comentava o Papa João Paulo II: «Uma palavra boa diz-se rapidamente; no entanto, às vezes torna-se difícil pronunciá-la. O cansaço detém-nos, as preocupações distraem-nos, um sentimento de frieza ou indiferença egoísta retrai-nos. E dessa forma passamos ao lado de pessoas para as quais, mesmo conhecendo-as, mal olhamos, e não percebemos quanto vêm sofrendo frequentemente por essa sutil e esgotadora pena que provém de se sentirem ignoradas. Bastaria uma palavra cordial, um gesto afetuoso, para que algo brotasse nelas imediatamente: um sinal de atenção e de cortesia pode ser uma rajada de ar fresco numa existência fechada, oprimida pela tristeza ou pelo desalento»[17].

Ações e omissões

Finalmente, depois de termos meditado sobre o «peso» dos outros no mundo dos pensamentos e das palavras, convirá considerarmos ainda o «peso» que eles têm no mundo das nossas *ações e omissões*. Pois também aí devem ocupar um espaço muito maior.

Quanto às ações, Cristo declara-nos que no dia do Juízo irá aplicar-nos, como medida de julgamento, a regra de ouro da caridade: *e ao próximo como a ti mesmo*. E o fará julgando-nos de uma maneira um tanto desconcertante: para descortinar o estado da nossa alma, de início não nos perguntará por nós, mas pelos «outros», para que neles — contemplando o que lhes fizemos ou deixamos de fazer — nos vejamos melhor a «nós mesmos»: ...*tive fome e não me destes de comer; tive sede e não me destes de beber; era peregrino e não me acolhestes; nu, e não me vestistes; enfermo e na prisão, e não me visitastes. E estes lhe perguntarão: Senhor, quando foi que te vimos com fome, com sede, peregrino, ou nu, ou enfermo, ou na prisão, e não te socorremos? E ele responderá: Em verdade vos declaro que, todas as vezes que deixastes de fazer isto a um destes pequeninos, foi a mim que o deixastes de fazer* (Mt 25, 42-45).

Que campo de reflexão não temos nestas palavras do Senhor! Ações! Omissões! O que fizemos e ficou aquém dos limites mínimos do amor; o que não fizemos; o que nem sequer mereceu um minuto da nossa atenção; os serviços prestados a meias ou de má vontade; a misericórdia recusada aos necessitados de bens materiais ou espirituais; a correção que a covardia inibiu; a conversa sobre Deus que o respeito humano gelou nos nossos lábios; o perdão que não soubemos dar ou expressar... Um mundo vastíssimo de ações e omissões, um campo onde o amor cristão poderia ter descoberto pistas sem fim; estradas capazes de ter-nos levado muito longe, de mãos dadas com muitos dos nossos irmãos que, no entanto, abandonamos — como na parábola do samaritano — estendidos no caminho... Que fizemos com os nossos irmãos? Que podemos fazer agora?

Convençamo-nos de que, a partir do momento em que nos decidirmos a desencravar o «eu» da nossa alma e abrir as portas ao próximo, a nossa vida irá mudar. O nosso coração, que talvez esteja agora fechado numa árida tristeza, povoar-se-á de muitos «outros», que o amor irá transformando em «nós mesmos», e já não choraremos mais a nossa solidão, porque estaremos muito bem acompanhados. Brotará então a alegria, e se chorarmos, será apenas alguma vez, com as lágrimas fecundas do desejo de dar, que sempre almeja chegar a mais, que sofre por se sentir pequeno ante o imenso panorama do amor que pode ser ofertado aos irmãos.

Esta é a grande lição que nos oferecem, com a sua fala silenciosa, as lágrimas que Cristo derramou em Betânia, quando se comoveu com o pranto das duas irmãs do bom amigo morto.

AS LÁGRIMAS DA CONTRIÇÃO

«E, estando a seus pés, começou a chorar»

É o evangelista São Lucas quem nos conta, de maneira tocante, a história de algumas daquelas lágrimas que Cristo não podia derramar, mas nós sim, porque somos pecadores.

A primeira dessas histórias é narrada quase que com o ritmo de uma sequência cinematográfica. A objetiva — podemos imaginá-lo assim — focaliza a sala de um banquete de que Jesus participa. A seu lado, o dono da casa, Simão o fariseu, que *convidara Jesus a ir comer com ele*. À volta, outros convivas, que, pelas vestes e ares, mostram ser gente importante do lugar.

De repente, há um corte. A câmera apanha a entrada da sala e vai acompanhando, em primeiro plano, a figura de uma mulher que irrompe apressadamente, carregando um vaso de alabastro cheio de perfume, enquanto soluça de modo incontido. Sem reparar nos olhares dos convidados, que fulminam a intrusa indesejável — pois é uma *pecadora da cidade* —, dirige-se a Jesus e cai-lhe aos pés. *E estando a seus pés, por detrás dele* — diz São Lucas —, *começou a chorar. Pouco depois, as suas lágrimas banhavam os pés do Senhor e ela os enxugava com os cabelos, beijava-os e ungia-os com o perfume.*

Agora a câmera percorre, em semicírculo, o rosto de Simão fariseu e dos seus amigos. Estão pasmados e já neles se desenha o trejeito hipócrita do escândalo. O que Simão pensa, sem se atrever a falar, traduz o que anda na mente de todos: *Se este homem* — Jesus — *fosse profeta, bem saberia quem e qual é a mulher que o toca; pois é pecadora*. Para Simão, já é uma afronta a invasão da sua casa por aquela mulher desprezível, mas maior afronta ainda é que Cristo a tolere, e não a ponha sumariamente para fora.

Ora Jesus, que *sabe bem o que há no coração do homem* (cf. Jo 2, 25), penetra nos pensamentos do anfitrião, e inicia, mansamente, uma lição profunda:

— *Simão, tenho uma coisa a dizer-te.*

— *Fala, Mestre.*

— *Um credor tinha dois devedores: um devia-lhe quinhentos denários, e o outro cinquenta. Não tendo eles com que pagar, perdoou a ambos a dívida. Qual deles o amará mais?*

Simão não entende muito bem a «charada», mas sabe de contas e também não é tolo, de modo que responde:

— *A meu ver, aquele a quem ele mais perdoou.*

— *Julgaste bem*, tornou-lhe Jesus.

Neste ponto, a câmera, tendo como plano central o rosto e os lábios de Cristo, oscila alternadamente entre as figuras da mulher e do fariseu, numa sequência cheia de dramatismo.

Cristo começa a falar. O seu olhar está voltado para a mulher; as palavras que pronuncia estão voltadas para Simão:

— *Vês esta mulher? Entrei em tua casa e não me deste água para lavar os pés; mas esta, com as suas lágrimas, regou-me os pés e enxugou-os com os seus cabelos...*

Vai ficando muito claro o confronto que Cristo, suavemente, pretende fazer entre as indelicadezas do «limpo» e as puras delicadezas da «suja».

— *Não me deste* — continua — *o ósculo da saudação; mas esta, desde que entrou, não cessou de beijar-me os pés. Não me ungiste a cabeça com óleo* (uma das atenções com os hóspedes que não era incomum entre os orientais); *mas esta, com perfume, ungiu-me os pés.*

Pronto. O confronto está claríssimo, nítido. Qual vai ser a conclusão?

— *Por isso te digo: seus numerosos pecados lhe foram perdoados, porque ela muito amou. Mas aquele a quem pouco se perdoa, pouco ama* (Lc 7, 36-47).

Esta cena do Evangelho é uma pérola preciosa, uma das inúmeras pérolas que compõem o colar da vida de Jesus. Suas riquezas são copiosas, e mais adiante haveremos de remexer nelas em busca de luz. Mas, por enquanto, basta-nos compreender que há umas lágrimas humanas que Jesus olha com imenso afeto, lágrimas que abrem as comportas do seu amor, que criam também em quem as derrama um amor novo, até então insuspeitado e que, de um modo misterioso e comovente, aproximam estreitamente de Deus as almas que as sabem chorar: são as lágrimas do arrependimento.

Reflitamos brevemente sobre essas lágrimas.

A *capacidade de arrepender-se*

Já de princípio, permita-se-nos uma afirmação rotunda, que — assim o esperamos — as próximas páginas poderão ilustrar. A afirmação é que uma das maiores desgraças que um homem pode ter é não ser capaz de se arrepender. Por outras palavras, aquele que passar a vida sem ter aprendido a chorar as lágrimas com que a pecadora banhou os pés de Jesus, será fatalmente um ser humano achatado, mutilado na sua grandeza e diminuído na sua dignidade. Será um homem ou uma mulher que espiritualmente não chegará a vingar. E se se trata de um cristão, e especialmente de um cristão praticante — no sentido vulgar e não muito exato dessa expressão (cumpridor das obrigações religiosas) —, o malogro será ainda maior. Aquele que não «sabe» arrepender-se, fica estagnado, cego — como adiante haveremos de ver —, abafado; cristaliza nos seus defeitos, rotinas e mediocridades, e morre ignorando o que significa a palavra *amor*, mais especificamente, aquela que encabeça o primeiro e principal de todos os mandamentos: «Amarás a Deus sobre todas as coisas».

Enquanto não brotar uma lágrima de verdadeiro arrependimento, o coração humano, mesmo o que parece bom e limpo, não possuirá o segredo da porta de acesso ao Coração de Cristo, ou seja, ao Amor com maiúscula. As lágrimas penitentes são essa chave. Sem elas, para nós, pecadores, não há outra que abra.

Mas será tão difícil alcançar esse segredo? Fácil, na verdade, não é. E não o é porque antes de se chegar à porta, como nas histórias fantásticas, é preciso fugir de três becos-sem-saída em que o orgulho tenta encurralar-nos, com toda a sorte de enganos. Quem não escapar desses becos não terá acesso às lágrimas que lavam a alma e a conduzem aos portões do Amor.

O beco da insensibilidade

O primeiro beco do orgulho chama-se *insensibilidade*, e é a doença moral das pessoas que, ao olharem para a sua vida, não encontram *culpas*, mas apenas *des-culpas*. Esta última palavra é usada aqui num sentido amplo, que admite duas acepções, ambas bem reais, por serem infelizmente muito comuns entre os homens.

Por um lado, existe a «des-culpa», por assim dizer, quimicamente pura. É a do homem ou da mulher que sempre *se aprova*. A seu parecer, nunca erra. Jamais admite ser culpado. Na sua boca, são assíduas frases como estas: «Eu estava certo», «era lógico que, naquelas circunstâncias, eu agisse assim», «ele merecia», «o outro é que estava errado»... Naturalmente, quem pensa deste modo fica radicalmente incapacitado para melhorar; porque, não reconhecendo culpa nem erros, cristalizam nele cada vez mais, e cada vez mais se lhe torna impossível retificar e, portanto, mudar.

Pior ainda é o caso dos que, para não terem de admitir culpa alguma, passam a chamar bem ao mal, conforme as suas conveniências. Neles, segundo o que mais interessar às paixões, acontecerá que, por exemplo, o egoísmo de se recusarem a ter filhos se transformará, por artes de mágica, em «responsabilidade»; o mole desejo de não ter compromissos de amor com Deus — como é o caso de quem só vai à Missa quando tem vontade — converter-se-á em «autenticidade»; a infidelidade conjugal receberá o título de «direito de ser feliz»; e até o crime de matar no seio materno uma criatura de Deus receberá a chancela de «inalienável escolha da liberdade da mulher». Desses falava duramente o profeta Isaías quando bradava, como porta-voz de Deus: *Ai daqueles que ao mal chamam bem, e ao bem, mal, que mudam as trevas em luz e a luz em trevas, que tornam doce o que é amargo, e amargo o que é doce* (Is 5, 20). A palavra definitiva para esses falseadores encontra-se na Epístola aos Gálatas: *Não vos iludais: de Deus não se zomba* (Gl 6, 7). Deus guarda para eles o juízo severo reservado aos hipócritas (cf. Mt 24, 51).

Ao lado dessa desculpa do orgulho requintado, existe outra não menos nociva, que consiste em reconhecer, sim, a culpa e admitir o erro, mas em diluir, ao mesmo tempo, culpa e erro no solvente de uma boa justificativa, de uma *desculpa*, que neste caso significa sacudir a culpa de cima de nós e transferi-la para outro «responsável».

Este «responsável» pode ser uma pessoa que «nos provocou» — «Ah! se o pessoal lá de casa fosse mais sensato!» —, ou pode ser o ambiente em geral — «neste mundo em que vivemos, é impossível não sucumbir à tentação!» —, ou podem ser as próprias debilidades da natureza humana, que nos absolveriam de qualquer falha: «A carne é fraca!»..., «não sou de ferro!»...

Seja qual for a desculpa, o efeito que produz na alma é o mesmo: torna-a incapaz de se arrepender, de chorar com as lágrimas da contrição que regenera. Pessoas assim permanecem como que encapsuladas nos seus defeitos — sempre desculpáveis —, e «plastificam» moralmente os seus erros, que não querem remediar. Tornam-se, por isso, inaptas para assumir responsavelmente os verdadeiros valores da vida.

Becos de despeito e desespero

Dirijamos agora a atenção para o segundo beco, que é o do *despeito*. Aqui temos outra viela sórdida, onde as lágrimas da contrição não encontram cabida.

Imaginemos uma pessoa «convencida», intimamente vaidosa — pode ser qualquer um de nós —, que um belo dia percebe com lucidez que realmente errou, e que — ao contrário do que imaginava — se encontra cheia de pecados, alguns deles bastante humilhantes. Não será de surpreender que a soberba, acaçapada na alma, dê o bote como a serpente e pique no amor-próprio: — «Que vergonha! — exclamará por dentro —, que manchas desonrosas enxovalham a minha imagem!, que estigma obscurece o meu passado!»

A picada pode ser mortal, porque o veneno é forte. A essa pobre alma, «sufoca-a o sentimento da sua culpa; detesta-se, sem conseguir expulsar a obsessão de um passado que renega. As lágrimas são apenas de despeito»[18]. Esta tortura moral deixa a alma asfixiada no *remorso*, que não é arrependimento, mas apenas dolorosa reprovação, sem humilde aceitação nem esperança.

«É estéril a lamentação — escreve Blanchard —, perigoso o remorso: só o arrependimento é eficaz. Repara e reconstrói. Permite-nos ler, com serenidade, a nossa história passada: a da nossa miséria, de que tomamos mais viva consciência; e a da misericórdia de Deus que, na descontinuidade dos nossos atos contraditórios, manteve a continuidade de um amor obstinadamente redentor, porque essencial e infinitamente fiel»[19].

Se não se tem isso em conta, a partir deste segundo beco — o do despeito —, despenca-se insensivelmente para o terceiro: o do *desespero*, o da amargura mortal de quem, além de se detestar por ser miserável, julga irreparável a folha corrida das suas culpas e pecados, e vem a perder de todo a esperança. Não vê nada a fazer, e então, como Judas, o seu coração se enforca. Se porventura afloram algumas lágrimas, essas são apenas as da agonia moral, nunca as do arrependimento. Essa pobre criatura sucumbiu à tristeza que São Paulo denomina a *tristeza segundo o mundo* e que, à diferença da *tristeza segundo Deus* — ou seja, a da penitência —, *produz a morte* (2 Cor 7, 9-10).

Deus ajuda a alma de boa vontade a sair desses becos, desde que se esforce por ser humilde. Pelo menos, desde que comece a esforçar-se por ser humilde, uma vez que este é apenas o primeiro passo... Como veremos daqui a pouco, há um segundo passo, que é mais importante. Mas vamos ao primeiro.

Reconhecer as culpas

O primeiro passo é a *sinceridade*, uma vez que — como repetia Santa Teresa — ser humilde é «andar na verdade». Neste caso, consiste em reconhecer as culpas, sem arrogantes teorias, nem enfeites, nem desculpas esfarrapadas, mas com simplicidade e totalmente.

Este foi o primeiro dos passos que reconduziram o filho pródigo aos braços de seu pai. Oprimido pelas penosas consequências do seu pecado, o pródigo — como diz a parábola de Cristo — *entrou em si e refletiu*. Todo o histórico da sua aventura com desfecho de desventura desfilou-lhe pela imaginação, e então viu, *reconheceu* que o erro que cometera era uma falta grave. Na sua consciência, tornou-se claro, sem rebuços nem distorções, que os desvarios passados tinham um só nome: pecado. E então tomou a decisão que o devolveria ao amor: *Levantar-me-ei e irei a meu pai, e dir-lhe-ei: Meu pai, pequei contra o céu e contra ti* (cf. Lc, 15, 17-18).

O filho pródigo reconheceu a sua culpa. Nós também precisamos reconhecê-la. Mas, para a consciência poder ser nisto bem sincera, é necessário que admita uma verdade básica: que a falta de virtude não é nunca uma limitação ou uma fatalidade, e que portanto, sempre que se carece de uma virtude ou se pratica um ato contrário a ela, existe *culpa* e, como o filho pródigo, é preciso dizer: *Pequei!*

Onde não há culpa é nas nossas limitações: por exemplo, na nossa falta de habilidade para contar casos, ou para penetrar nos segredos do cálculo diferencial, ou para cantar afinadamente. Da mesma forma que não há culpa nas «fatalidades» — nome impróprio que damos às contrariedades permitidas por Deus —, como é o caso infeliz de quem machuca uma criança que pulou na frente do carro atrás de uma bola.

Ora, as faltas de virtude não se enquadram em nenhum dos dois casos anteriores. Pecados como a impaciência, a preguiça, o egoísmo sensual, a mentira, a desonestidade nos negócios, a inconstância, a deslealdade, a crítica..., não são limitações psicológicas nem fatalidades, mas culpas nossas, de que devemos responsabilizar-nos.

Dir-se-á que, em certas ocasiões, é tão difícil praticar uma virtude, que tudo parece desculpar-nos. Mas Deus nosso Senhor retrucará que para cada dificuldade há uma graça que Ele nos oferece, e que é próprio do cristão não ficar esmagado pelos obstáculos, antes crescer através deles, fortalecendo na própria dificuldade a virtude[20].

É por isso que não podemos encarar os nossos pecados como uma espécie de «falha no circuito» ou defeito técnico inevitável, mas como frutos culpáveis do egoísmo, que não soube vencer-se como devia em cada ocasião: aceitando pacientemente os defeitos dos outros, sacrificando um prazer momentâneo para não trair a fidelidade, apertando um pouco mais o horário de um domingo para garantir a assistência à Missa, etc.

Tudo isto é algo que devemos levar muito em conta ao fazermos os nossos exames de consciência e ao prepararmos as nossas confissões. Não esqueçamos que, ao Sacramento da Confissão, vamos «acusar-nos», não «desculpar-nos» ou, como alguns fazem, «culpar» os outros (tal foi a famosa confissão que terminou com o padre perguntando: — «Muito bem, além dessa carrada de pecados da sua sogra, a senhora não terá por acaso algum pecado seu?»).

Somos devedores

Bastem estes comentários sobre o primeiro «reconhecimento», que é o ponto de partida do autêntico arrependimento, e passemos para o mais importante. Vê-lo-emos voltando a olhar de novo para a pecadora que chorou aos pés de Jesus na casa de Simão.

Ao focalizarmos acima esta cena delicada, citávamos a «charada» que Cristo propôs ao fariseu Simão. Prestemos-lhe atenção, pois encerra mais um dos segredos divinos que nos convém aprender: *Um credor tinha dois devedores: um devia-lhe quinhentos denários e o outro cinquenta. Não tendo eles com que pagar, perdoou a ambos a dívida. Qual deles o amará mais?* (Lc 7, 41-42).

Há aí uma palavra pronunciada por Cristo com precisão absoluta: *devedor*. É patente que, sob a imagem do devedor perdoado que *amará mais*, Cristo está querendo aludir àquela pecadora que *muito amou*.

Rememorando agora a cena toda, não nos causa porventura estranheza a reação da mulher desconhecida, que se lança repentinamente aos pés de Jesus e sobre eles derrama o que tem de mais precioso, um perfume de alto valor, como que querendo resgatar alguma grande e misteriosa «dívida»? A verdade é que não se entende bem por que fez isso. Dá a impressão de que estão faltando dados na história. Essa mulher conhecia Jesus? Tinha ofendido Cristo com alguma má palavra? Tinha sido advertida ou incentivada por Ele a mudar de vida? Recebera, como a mulher adúltera de que fala São João (Jo 8, 1-11), um olhar de compaixão ou uma palavra de estímulo para a conversão? Nada disso pode ser deduzido das páginas do Evangelho, pois nada é sequer insinuado. Deve haver, então, uma explicação que só pode emanar do encontro inefável da graça de Deus com o íntimo do coração daquela pecadora.

Um fato evidente é que aquela mulher chora aos pés de Jesus como uma «devedora». É assim que ela se sente, pois age como quem traz cravada na alma a dor de ter magoado, como quem quer compensar uma ofensa causada a alguém que merecia todo o seu amor. Tal é a atitude que o Evangelho descreve.

Não será aventurado imaginar que essa mulher, afundada no pecado e com a consciência queimando, um dia viu Jesus passar pela sua cidade. Movida de curiosidade, misturou-se com a multidão e pôde contemplá-lo e escutá-lo. Um estranho sentimento começou a invadi-la, um sentimento que ela própria não sabia explicar. Algo a impeliu a voltar a confundir-se com as turbas, entre os ouvintes do Mestre. Até que um dia sentiu uma pancada na alma. De repente, por um lance da graça, compreendeu: viu em Jesus, numa luz puríssima, o infinito, o inefável abismo da bondade de Deus e do seu amor pelos homens. E, de um golpe, desmoronou, desabou-lhe por dentro a triste armação de vaidades, prazeres e egoísmos que até então a tinham dominado, e percebeu a terrível miséria do seu pecado, a sua ingratidão para com Deus, o doador de todos os bens. Nesse dia chorou. E as lágrimas foram-lhe crescendo na alma, até explodirem numa resolução de amor reparador: na determinação de mostrar de algum modo, do melhor modo ao seu alcance, a sua pena e a sua mudança Àquele que, misteriosa mas realmente, encarnava a presença de Deus no meio dos homens.

Foi assim que pôde escutar as palavras do seu renascimento para uma nova vida: *Seus numerosos pecados lhe foram perdoados, porque ela muito amou* (Lc 7, 47). «Feliz a alma que sabe reconhecer e chorar todas as suas misérias!, não com lágrimas de abatimento ou de perturbação, mas com lágrimas de contrição profunda que, em vez de encolhê-la no temor, a dilatam no amor penitente e a lançam nos braços de Deus com um coração rejuvenescido no amor e na dor»[21].

Chorar de amor

Foi igualmente assim que Pedro reviveu, quando, depois de ter negado Cristo por três vezes, se perdia no triste labirinto da sua covardia e, aturdido, já não sabia que caminho tomar. É outra passagem evangélica que nos transmite a maravilhosa lição das «lágrimas dos homens». O melhor narrador desta história é também São Lucas.

Ainda ecoavam nos ouvidos do pobre Simão Pedro as ironias dos criados do Sumo Sacerdote, que no pátio brincavam com ele: — «É claro que tu és da turma desse Jesus Nazareno que está sendo condenado à morte; não podes disfarçá-lo, o teu sotaque galileu te trai!»... Ainda ecoava o segundo canto do galo após as suas três negações: — «Não conheço esse Jesus!», tinha repetido com juramentos e maldições. De repente, a figura amabilíssima de Cristo, com as mãos atadas e o rosto marcado pelos maus tratos, apareceu conduzido pelos guardas.

Jesus passou apenas um instante, mas *voltando-se, olhou para Pedro* (Lc 22, 61). Uma ferida viva abriu-se no coração do Apóstolo, quando os seus olhos se encontraram com os do Mestre, um vulcão irreprimível irrompeu-lhe na alma, e *saindo dali, chorou amargamente* (Lc 22, 62). Sair dali — comenta Santo Agostinho — «era confessar a sua culpa. Chorou amargamente porque sabia amar»[22].

Lágrimas de Pedro! Como lhe doeram, e como nos ajudam a nós! Lágrimas eloquentes, sábias, como todas as lágrimas do amor! O olhar de Jesus evocou na sua alma, com o clarão de um relâmpago, os inumeráveis olhares, gestos, detalhes, palavras, sacrifícios, com que Cristo lhe tinha mostrado o seu amor e a sua confiança, ao longo dos três anos decorridos desde que o convidara a segui-lo à beira do mar de Galileia. Todo esse imenso oceano de carinho que Jesus lhe tinha dedicado, confrontando-se com a sua traição, tomava no coração de Pedro o volume de uma enorme dívida. O amor que deveria ter sido pago com generosidade; o amor tão grande que, por mais que Pedro fizesse, nunca teria com que pagar, era retribuído pela negação, pelo covarde egoísmo do amigo que, para poupar incômodos, dores e perigos, renegava do grande Amigo.

Tomar consciência disso e abrirem-se as fontes das lágrimas, foi uma coisa só. Pedro, ferido de amor, alcançou o arrependimento, aquela contrição que tão maravilhosamente descreve Mons. Escrivá no livro *Caminho*: «Dor de Amor — Porque Ele é bom. — Porque é teu Amigo, que deu a sua vida por ti. — Porque tudo o que tens de bom é dEle. — Porque o tens ofendido tanto... Porque te tem perdoado ...Ele! ...a ti! — Chora, meu filho, de dor de Amor»[23].

A força da contrição

No começo deste capítulo, já antecipávamos que o coração humano, enquanto não derrama uma lágrima de verdadeiro arrependimento, não possui o segredo da porta que dá acesso ao Amor de Deus.

É uma verdade que a consciência cristã de todos os tempos intuiu, mesmo que muitos não quisessem encará-la. Uma boa ilustração disto é a lenda relatada pelo rei Afonso, o Sábio, nas suas *Cantigas*, e que percorreu a cristandade medieval. Fala de um cavaleiro que, não suportando mais o peso das suas blasfêmias e crimes, foi procurar um sacerdote eremita para se confessar. Recebeu, como penitência, a ordem de encher de água um pequeno barril. Durante semanas e meses, tentou cumprir esse gesto, aparentemente tão simples, sem nada conseguir: mergulhava o recipiente em todos os rios e córregos, achegava-o a todas as fontes, mas o baldezinho ficava vazio. Até que um dia se sentou, voltou a pensar na sua má vida e em Deus, na sua miséria e no amor de Nosso Senhor. Caiu-lhe então no balde uma lágrima de verdadeira contrição, e o recipiente ficou imediatamente cheio até transbordar. Tinha cumprido a sua penitência[24].

Hoje, como sempre, e talvez mais do que nunca, é preciso que os cristãos reaprendam a derramar a lágrima que enche o barrilzinho. É tão comum o tipo de cristão satisfeito com a sua mediocridade desamorada, que não acha motivos para chorar os seus pecados!

Quando muito, aceita a ideia de ser como um edifício que apenas precisa, vez por outra, de alguns retoques. E pode ser até que, com um assentimento teórico e quase nenhuma correspondência prática, admita além disso o postulado de que «todos temos que melhorar». Faltar-lhe-á, no entanto, a consciência viva de que, mesmo que não pensasse em outra coisa senão na sua pouca generosidade para com um Deus que tanto o ama, já teria motivos mais que suficientes para chorar e pedir perdão, para se sentir um pobre endividado, e para se apressar a pagar com um amor total — que sempre há de revelar-se pequeno — o impagável amor de Deus. Se acrescentasse a isso o acúmulo dos seus pecados, negligências e infidelidades, a lágrima seria mais ardente e o propósito mais inflamado.

Onde está o nosso coração? Onde está a nossa consciência cristã? Talvez tenha ido definhando por tornar-se incapaz dessas lágrimas. E, por isso, não é de estranhar que toda uma sociedade, que ainda se chama cristã, cambaleie apoiada sobre homens que se julgam seguidores de Cristo, e em vez de serem esteios de aço são pontaletes de papel. Um cristianismo sem amor, um cristianismo sem ardor, é um triste arremedo do ideal divino cujo fogo Cristo veio trazer à terra (cf. Lc 12, 49). Um cristianismo que cada dia ceda um pouquinho, para se acomodar aos caprichos, às permissões e às mentiras do mundo, é uma trágica «farsa blasfema»[25].

O sacramento do perdão

Daí a importância que tem o aprendizado da «dor de Amor»; e daí ainda a importância que tem dar o devido valor a esse grande encontro das lágrimas do cristão com o Coração de Cristo, que se chama o Sacramento da Reconciliação, a Confissão.

São Josemaria Escrivá, apóstolo incansável do Sacramento do Perdão, falava da Confissão pondo em plena luz a sua grandeza e a sua divina eficácia: chamava-a «verdadeiro milagre do Amor de Deus. Neste Sacramento maravilhoso, o Senhor limpa a tua alma e te inunda de alegria e de força, para não desfaleceres no combate e para retornares sem cansaço a Deus, mesmo quando tudo te parecer estar às escuras»[26].

A autêntica perspectiva do arrependimento, vivido na confissão sob a sua forma normal, isto é, a confissão individual com o sacerdote — pois esta é a única forma válida em circunstâncias não excepcionais — é a perspectiva do amor que luta por avançar; que se esforça por ir e voltar a Deus, por progredir sem interrupção; que pede perdão e torna a começar; é a perspectiva do amor que sabe querer e sabe doer-se, e por isso mesmo, como diria Santo Agostinho, «não pode ficar parado», antes é um contínuo crescimento.

«Quantas graças não temos que dar a Deus Nosso Senhor — acrescentava o mesmo santo — por este Sacramento da sua misericórdia! Eu fico pasmado, comovido [...]. Não vos enternece um Deus que nos purifica, que nos limpa, que nos levanta...? Recorrei à Confissão, porque não é só para perdoar os pecados graves, ou leves, ou as faltas: é também para nos fortalecer, para cumular de graça a alma e dar-nos impulso, de modo que percorramos mais depressa o caminho; para que tenhamos também maior habilidade para combater e vencer; para que nos comportemos de tal maneira que saibamos viver com virtude e detestar o pecado»[27].

Como andam errados os que julgam desnecessária a confissão frequente porque, como dizem, «só têm faltinhas leves». Mesmo aceitando que isso seja verdade, poderíamos dizer-lhes com o autor de *Caminho*: «Que pena me dás enquanto não sentires dor dos teus pecados veniais! — Porque, até então, não terás começado a ter verdadeira vida interior»[28].

É neste sentido que João Paulo II, recordando um constante ensinamento da Igreja, reafirmava: «A confissão renovada periodicamente, chamada de "devoção", sempre acompanhou na Igreja o caminho da santidade»[29]. A confissão frequente sempre acompanhou e fomentou de maneira muito direta o progresso espiritual.

Delicadezas de amor

Haverá alguém capaz de imaginar um amor que não tenha delicadezas? Alguém duvida de que, quando diminuem as pequenas atenções afetuosas entre os que se amam, esse amor esteja murchando? Então como é possível que nós, os filhos de Deus chamados a amá-lo *com todo o coração, com toda a alma, com toda a mente e com todas as forças* (Mc 12, 30), desprezemos essas delicadezas?

Qualquer apaixonado compreende que não é histerismo nem exagero neurótico derramar uma lágrima, enquanto se pedem desculpas à pessoa muito amada por um esquecimento miúdo, por uma desatenção pequenina. Há coisas que só se enxergam com os olhos do coração.

Vamos, então, agir assim com Deus. Reaprendamos ou aprendamos pela primeira vez a tratá-lo com as delicadezas do amor. Cairá então do nosso coração a casca endurecida que o recobre e nos deixa insensíveis, mergulhados na tibieza, com os olhos cegos para tudo o que estiver fora da roda do egoísmo; e se nos abrirá uma nova ânsia de amar. No belo hino litúrgico *Stabat Mater*, a Igreja move-nos a pedir a Nossa Senhora esse fervor renovado, baseado justamente na dor, nas lágrimas que salvam: *Eia Mater, fons amoris,/ me sentire vim doloris/*

fac, ut tecum lugeam. — Fac ut ardeat cor meum/ in amando Christum Deum,/ ut sibi complaceam (Faze, ó Mãe, fonte de amor,/ que eu sinta o espinho da dor,/ para contigo chorar. — Faze arder meu coração/ de Cristo Deus na paixão,/ para que o possa agradar).

No dia em que, sem angústias escrupulosas, com paz no fundo da alma, nos tornarmos capazes de derramar uma pequena lágrima por termos sido esquecediços ou indelicados com Deus, por termos omitido a oração habitual, por termos faltado aos propósitos de melhoria que lhe oferecemos, por termos reincidido num pouco de ira, por termos perdido o tempo que Ele nos concede, por termos sido egoístas, por termos dito uma palavra que magoou o irmão..., nesse dia teremos passado na primeira prova da matéria mais importante da vida: a que se aprende na escola do Amor.

Dessa escola é que nos falam as lágrimas humanas, e é sobre ela que quiseram versar estas páginas. Por diversos ângulos, através do cristal transparente das lágrimas de Cristo, e das lágrimas dos pobres pecadores, tentamos vislumbrar a mensagem divina que nos transmite o Amor que Cristo veio trazer à terra, e que, desde então, é a bandeira, o ideal e a meta dos homens, nesta vida e por toda a eternidade.

NOTAS

(1) Antoine de Saint-Exupéry, *Cidadela*, Quadrante, São Paulo, 1966, p. 26; (2) Josemaria Escrivá, *Sulco*, 4ª ed., Quadrante, São Paulo, 2016, n. 89; (3) *Imitação de Cristo*, II, 12; (4) V. Frankl, *Logoterapia e religione*, em *Studi Cattolici*, n. 59, II-66, pp. 6 e segs.; (5) Andrés Vázquez de Prada, *O Fundador do Opus Dei*, Quadrante, São Paulo, 1989, p. 119; (6) Luís de Camões, *Canção X*; (7) cf. Andrés Vázquez de Prada, *O Fundador do Opus Dei*, p. 148; (8) cf. *Idem*, p. 143; (9) Georges Chevrot, *O Sermão da Montanha*, Quadrante, São Paulo, 1988, pp. 87-90; (10) Orígenes, *Homilia 34 sobre São Lucas*; (11) Salvatore Canals, *Reflexões espirituais*, 3ª ed., Quadrante, São Paulo, 1988, p. 104; (12) São Gregório Magno, *Moralia*, 1, 31, 31; (13) *Pastor de Hermas*, preceito X; (14) Francisco Fernández-Carvajal, *Falar com Deus*, Quadrante, São Paulo, 1991, vol. VI, p. 59; (15) Santo Agostinho, *Confissões*, III, 12, 21; (16) Santo Agostinho, *Tratado sobre o dom da perseverança*, XX, 53; (17) São João Paulo II, *Homilia*, 11-II-1981; (18) Georges Chevrot, *O Sermão da*

Montanha, p. 77; (19) Pierre Blanchard, *Jacob e o Anjo*, Aster, Lisboa, 1958, pp. 234-235; (20) cf. Josemaria Escrivá, *Caminho*, 11ª ed., Quadrante, São Paulo, 2016, n. 12; (21) Gabriel de Santa Maria Madalena, *Intimidade Divina*, Carmelitanas, Porto, 1967, n. 310; (22) Santo Agostinho, *Sermão 295*; (23) Josemaria Escrivá, *Caminho*, n. 436; (24) cf. Daniel-Rops, *A Igreja das catedrais e das cruzadas*, Quadrante, 2014, p. 72; (25) cf. Josemaria Escrivá, *Sulco*, n. 650; (26) Josemaria Escrivá, *Amigos de Deus*, 4ª ed., Quadrante, São Paulo, 2018, n. 214; (27) *Folha Informativa* sobre o Bem-aventurado Josemaria Escrivá, n. 5, São Paulo, 1986, p. 4; (28) Josemaria Escrivá, *Caminho*, n. 330; (29) São João Paulo II, *Alocução*, 30-I-1981.

Direção geral
Renata Ferlin Sugai

Direção editorial
Hugo Langone

Produção editorial
Juliana Amato
Gabriela Haeitmann
Ronaldo Vasconcelos
Roberto Martins

Capa
Provazi Design

Diagramação
Sérgio Ramalho

ESTE LIVRO ACABA DE SER IMPRESSO
EM ABRIL DE 2025,
EM PAPEL OFFSET 75 g/m².